P9-DUH-224

# HERDER / SPEKTRUM

## Das Buch

Ludwig Wittgenstein (1889–1951) war ein außerordentlich origineller Philosoph, dessen Einfluß auf das Denken des 20. Jahrhunderts weit über die Philosophie hinausgeht. Schon als junger Mann war er mit dem *Tractatus logico-philosophicus* in Kennerkreisen bekannt geworden. So gehört dessen Schlußsatz „Wovon man nicht sprechen kann, darüber muß man schweigen" sicherlich zu den meistzitierten philosophischen Aussagen des Jahrhunderts. Später distanzierte sich Wittgenstein allerdings mit Schriften wie den *Philosophischen Untersuchungen* von einigen Aspekten seiner früheren Werke und gab weitere wesentliche Impulse für die sprachanalytische Philosophie der Gegenwart.

Im *Guardian* hieß es: „knapp, klar und zuverlässig ... Grayling hat eine bemerkenswert zusammenhängende Geschichte aus den vielen Fäden der *Philosophischen Untersuchungen* gewoben ... Wer das Denken des späten Wittgenstein verstehen will, kann keinen besseren Anfang finden", und die *Times* urteilte: „fundiert und klar".

In diesem Buch, das Wittgensteins Denken für ein weites, nicht spezialisiertes Lesepublikum zugänglich macht, erklärt A. C. Grayling auf elegante und präzise Weise die Grundzüge, die Konsequenzen, aber auch die Grenzen von Wittgensteins Denken.

## Der Autor

A. C. Grayling hat eine Forschungsprofessur am St Anne's College in Oxford inne. Außerdem lehrt er Philosophie am Birkbeck College in London. Er ist Autor von *Russell, An Introduction to Philosophical Logic, The Refutation of Scepticism* sowie von *Berkeley: The Central Arguments*.

A. C. Grayling

# Wittgenstein

Aus dem Englischen
von Reiner Ansén

Herder
Freiburg · Basel · Wien

Wissenschaftliche Beratung dieses Bandes:
Prof. Dr. Hans Julius Schneider

Dieser Band, zuerst auf englisch publiziert,
erscheint mit freundlicher
Genehmigung von Oxford University Press.

Deutsche Erstausgabe
Alle Rechte vorbehalten – Printed in Germany
© der deutschen Ausgabe Verlag Herder,
Freiburg im Breisgau
Genehmigte Lizenzausgabe Panorama Verlag, Wiesbaden
Lektorat: Lukas Trabert
Satz: DTP-Studio Helmut Quilitz, Denzlingen
Druck und Bindung: GGP Media GmbH, Pößneck
Umschlaggestaltung: Joseph Pölzelbauer
Umschlagmotiv: Aufnahme von Ben Richards,
Swansea 1944. © Privatbesitz
ISBN 3-926642-47-5

# Inhalt

# Vorwort

In dieser kurzen Darstellung geht es mir um zweierlei. Einmal möchte ich einer fachlich nicht vorgebildeten Leserschaft die Grundzüge von Wittgensteins Denken nahebringen. Zum zweiten soll der Platz von Wittgensteins Denken in der analytischen Philosophie des 20. Jahrhunderts verdeutlicht werden.

Im Rahmen eines schmalen Bandes ist keines dieser beiden Ziele leicht zu verwirklichen, und zwar aus einer ganzen Reihe von Gründen. Der Hauptgrund liegt darin, daß Wittgensteins Schriften zahlreich, schwierig und dunkel sind. Kein Wunder also, daß sie zu vielen konkurrierenden Deutungen geführt haben. Um Wittgenstein wirklich gerecht zu werden, müßte man detailliert und damit auch in einiger Länge seine Texte untersuchen und müßte überdies wenigstens einen Teil der recht umfangreichen Literatur erörtern, die sich mit seinem Werk beschäftigt. Das kann hier nicht geschehen, und meine Ziele sind daher bescheidener. Mit „Grundzüge" meine ich wirklich nur Grundzüge, und ich setze beim Leser kein philosophisches Vorwissen voraus.

Wittgensteins Anhänger halten es für verfehlt, kurze Einführungen in seine Gedankenwelt zu geben. Norman Malcolm, einer seiner wichtigsten Schüler, schrieb einmal: „Der Versuch, Wittgensteins Werk zusammenzufassen, könnte nur scheitern und wäre überdies nicht nützlich. Wittgenstein verdichtete seine Gedanken so weit, daß eine weitere Verdichtung ganz unmöglich ist. Man muß sie vielmehr entfalten und die Verbindungen zwischen ihnen aufspüren." Weiter führen Wittgensteins Anhänger das Argument ins Feld, daß Zusammenfassungen philosophischer Ansichten ganz natürlich die Gestalt systematischer Darstellungen in dem Sinne annehmen, daß Punkt für Punkt Thesen in geordneter Folge aufgeführt werden, während Wittgenstein doch in seiner späteren Philosophie eine ausgesprochene Abneigung gegenüber dem systematischen Philosophieren zum Ausdruck brachte und sich weigerte, selbst systematisch zu schreiben. Kurze Skizzen von Wittgensteins Ansichten, sagen seine Anhänger, verfälschen daher nicht nur den Inhalt von Wittgensteins Gedanken, sondern deren Absicht.

Mich überzeugen diese Argumente nicht. Wittgensteins Schriften scheinen mir nicht nur einer Zusammenfassung zugänglich, sie fordern sogar Zusammenfassung, und das ganz besonders heute, da in einer großen Anzahl posthum veröffentlichter Bände viele Überschneidungen und Wiederholungen sichtbar werden. Es stimmt auch nicht, daß Wittgensteins Schriften keine systematisch darstellbaren Theorien enthalten, das Gegenteil ist der Fall. Von Bedeutung ist hier der Unterschied zwischen dem, was Wittgenstein sagt, und der Art und Weise, wie er es sagt. Die Tatsache, daß seine späteren Texte im Stil unsystematisch sind, bedeutet noch lange nicht, daß sie auch inhaltlich unsystematisch sind. Sowohl in seiner „frühen" wie in seiner „späten" Arbeit entwickelt Wittgenstein gewisse Kernthesen, die logisch voneinander abhängen und die man durchaus, wie andere philosophische Theoreme auch, voneinander unterscheiden, ausdrücken und erklären kann. Und genau dies will ich, kurz gesagt, hier tun.

Die große Spannbreite konkurrierender Wittgensteininterpretationen wirft aber dennoch Probleme auf. Jeder Kommentator bemüht sich um größtmögliche Genauigkeit, nur um sich dann von denjenigen, die Wittgenstein anders verstehen, der Verzerrung von Wittgensteins Gedanken beschuldigt zu sehen. Man könnte aus dieser Lage die ziemlich unangenehme Folgerung ziehen, daß es nie zu einem Konsens darüber kommen wird, was Wittgenstein eigentlich sagen wollte. Ich halte einen solchen Pessimismus aber für unbegründet, denn nach meinem Eindruck herrscht in der Wittgensteinliteratur bereits im wesentlichen Einvernehmen, welche Themen für sein Werk die bedeutendsten sind. Damit sollen weiter bestehende Schwierigkeiten nicht geleugnet werden, aber immerhin kann man mit einiger Zuversicht diejenigen Aspekte von Wittgensteins Werk erkennen, die in einer Einführung wie dieser erörtert werden sollten. Um der angebrachten Vorsicht willen muß ich jedoch, wie jeder, der über Wittgenstein schreibt, gleich hinzufügen, daß die Ansichten, die ich Wittgenstein zuschreibe, die Ansichten sind, wie sie sich *mir* darstellen; daher gilt hier immer die Einschränkung: „so wie ich ihn lese, will Wittgenstein sagen …"

Das zweite der eingangs genannten Ziele ist nicht so schwer zu erreichen. Es besteht darin, Wittgensteins Werk in der analytischen Philosophie des 20. Jahrhunderts zu verorten. Das ist ein eng gestecktes Ziel, denn es geht hier nicht darum, die Position von Wittgensteins Werk im *gesamten Denken* unseres Jahrhunderts darzustellen. Es ist mir im folgenden nicht darum zu tun, Wittgensteins Ideen mit literarischen oder künstlerischen Strömungen in Verbindung zu bringen oder Spekulationen darüber anzustellen, ob etwa sein Frühwerk „modern", sein Spätwerk dagegen „postmodern" ist; ebenso wenig geht es mir darum, nach den Quellen seiner Philosophie im Wien vor 1914 zu suchen. Solche Untersuchungen wären interessant und in vielerlei Hinsicht wertvoll, aber ich werde mich hier auf das beschränken, was unmittelbar relevant ist. Allgemein wird Wittgensteins Werk, in seinen streng philosophischen Aspekten betrachtet, der Hauptströmung der älteren und zeitgenössischen analytischen Philosophie dieses Jahrhunderts zugerechnet. Auch ich halte mich in meiner Darstellung an diesen Rahmen.

Dennoch sollte nicht unerwähnt bleiben, daß Wittgensteins Name und der eine oder andere seiner Gedanken gelegentlich auch in Schriften zur Anthropologie, Theologie, Literaturtheorie und anderen Gebieten auftauchen. Auch Philosophen auf dem europäischen Festland, die in anderen gedanklichen Traditionen stehen als die englischsprachige analytische Philosophie, beschäftigen sich inzwischen mit Wittgensteins Werk. Eine ausführliche Untersuchung hätte das sicher zu berücksichtigen. Aber ich werde mich hier, wie gesagt, auf die engere gedankliche Umgebung von Wittgensteins Werk konzentrieren. Ohnehin ist der Wert Wittgensteinscher Ideen für diese anderen Gebiete nur zu beurteilen, wenn man zunächst Wittgensteins Ideen selbst verstanden hat. Ich werde nur gelegentlich auf Verbindungen zu anderen Gebieten hinweisen, vor allem bei der Erörterung der späteren Auffassungen Wittgensteins.

Im folgenden werden Exposition und Erklärung mehr Platz einnehmen als die Kritik. Der zur Verfügung stehende Raum ist begrenzt, und schließlich geht es mir auch vor allem darum, Nicht-Philosophen einen Zugang zu den Hauptaspekten von Wittgensteins Denken zu eröffnen. Dazu gehört jedoch auch der Hinweis auf kritische Reaktionen, die das Werk eines Denkers hervorgerufen hat, und entsprechend muß dann wenigstens in Kürze erörtert werden, inwieweit und weshalb solche Einwände überzeugend sind oder nicht. Ich werde also auch einige kurze und nicht fachphilosophisch angelegte Überlegungen in diese Richtung anstellen.

Bei der Erörterung der Beziehung zwischen Wittgensteins Werk und dem Rest der analytischen Philosophie des 20. Jahrhunderts schlage ich einige kleinere Korrekturen gegenüber der Standardeinschätzung vor. Ich vertrete die Auffassung, daß Wittgenstein in der jüngeren Philosophie, was seine tatsächliche Auswirkung auf Gehalt und Richtung dieser Philosophie betrifft, nicht ganz den Platz einnimmt, der ihm gewöhnlich zugeschrieben wird.

Einführungen sollten den Leser ermutigen, sich aus erster Hand über die behandelten Themen zu informieren. Manchmal sind fachlich nicht vorbereitete Leser damit jedoch überfordert, solange sie sich nicht ein unabdingbares Minimum an Hintergrundwissen angeeignet haben. Für die Beschäftigung mit Wittgenstein ist das sicher so. Seine Anhänger behaupten zwar gern das Gegenteil, aber Wittgenstein ist im wesentlichen doch ein Philosoph für Philosophen. Man kann seine Schriften, wie die von Aristoteles, Kant und einigen anderen, ohne eine zumindest bescheidene philosophische Grundlage nicht mit Gewinn lesen, denn der *Punkt*, um den es in ihnen geht, muß unklar und dunkel bleiben, wenn man nicht weiß, wofür und wogegen zuvor gestritten wurde. Ich setze beim Leser keine philosophische Ausbildung voraus und habe deshalb meine Darstellung so anzulegen versucht, daß sie für sich stehen kann. Ihre Absicht ist, eine Skizze von Wittgensteins Denken zu bieten, die informativ auch für Leser ist, die sich nicht systematisch mit Philosophie beschäftigt haben oder beschäftigen wollen. Dennoch wäre es ein schöner Erfolg dieser Einführung, wenn der eine oder andere Leser nach ihrer Lektüre mit größerem Verständnis Wittgensteins eigene Schriften zur Hand nähme.

Ich danke Anthony Kenny, Anthony Quinton, Jim Hopkins, Dan Rashid, Henry Hardy und Keith Thomas, die das ganze Manuskript gelesen und wertvolle Kommentare und Kritik beigesteuert haben; Carolyn Wilde und Norman Malcolm danke ich für ergiebige Diskussionen über gewisse Fragen in den *Philosophischen Untersuchungen*. Das Ergebnis wurde von den üblichen Einschränkungen und Anforderungen beeinflußt, aber die genannten Personen haben es verbessert, und ich bin ihnen dafür dankbar.

Dieses Buch ist Jenny gewidmet – „Invenio sine vertice aquas, sine murmure euntes, perspicuas ad humum."

Die beiden Hauptwerke Wittgensteins werden im Text mit folgenden Siglen zitiert:
T = Tractatus logico-philosophicus (Logisch-philosophische Abhandlung)
PU = Philosophische Untersuchungen.
Der *Tractatus* wird nach Satznumerierung, die *Untersuchungen* werden nach Paragraph bzw. für den zweiten Teil mit Seitenangabe zitiert.

# 1. Leben und Persönlichkeit

Ludwig Wittgenstein war Philosoph. Im 20. Jahrhundert ist die Philosophie eine Sache von Spezialisten geworden, und die meisten Philosophen, die in jüngerer Zeit einen gewissen Ruf erlangten, sind eigentlich nur ihren Kollegen wirklich bekannt. Wittgenstein jedoch ist weit über die Grenzen der Fachphilosophie hinaus berühmt. Sein Name wird von Nichtphilosophen erstaunlich oft und in überraschend vielen verschiedenen Zusammenhängen genannt. Er scheint vielen als zentraler Repräsentant der Philosophie unseres Jahrhunderts zu gelten, so als ob er – nicht nur in seinem Werk, sondern auch in seiner Persönlichkeit – beispielhaft für das steht, was Philosophie selbst ist, nämlich schwierig und tief. Das ist wahrscheinlich auch der Grund dafür, daß seine Schriften in besonderem Maß auf aphoristische Zitate hin geplündert werden. Ihr Stil und ihre Struktur machen dies möglich, und überdies scheint sich in seinen Werken so etwas wie Weisheit in konzentrierter Form zu verbergen.

Wittgenstein wird von Laien vor allem aufgrund der Tatsache so geschätzt, daß viele zeitgenössische Philosophen ihn für den größten Denker des 20. Jahrhunderts halten. Darüber wird die Geschichte zu befinden haben; das Urteil der zeitgenössischen Mitphilosophen ist jedenfalls nicht unfehlbar. Wie immer dieses Urteil am Ende auch ausfallen mag – Tatsache bleibt, daß Wittgensteins Leben und Denken, um das mindeste zu sagen, ziemlich außergewöhnlich waren.

Ludwig Josef Johann Wittgenstein wurde am 26. April 1889 in Wien als jüngstes von acht Kindern geboren. Sein Vater war Industrieller und einer der reichsten Männer Österreichs; das Haus der Wittgensteins war ein Zentrum des sozialen und kulturellen Lebens in Wien.

Beide Seiten von Wittgensteins Familie waren seit Generationen wohlhabend und kultiviert. Sein Großvater väterlicherseits war ein betuchter jüdischer Wollhändler aus Hessen, der zum Protestantismus konvertiert war und die Tochter eines Wiener Bankiers geheiratet hatte. Bald darauf verlegte er seinen Geschäftssitz nach Wien, wo er und seine Frau sich einen Namen als Gönner der Künste machten. Sie gaben ihrem Sohn Karl, Ludwig Wittgensteins Vater, eine umfassende klassische Bildung mit auf den Weg, aber Karl rebellierte im Alter von 17 Jahren gegen sein Elternhaus und ging nach Amerika, wo er sich zwei Jahre lang als Kellner und Geigen- und Deutschlehrer durchschlug. Nach seiner Rückkehr nach Wien studierte er Ingenieurwesen. Binnen weniger Jahrzehnte hatte er sein Erbe durch erfolgreiche Geschäfte in der Eisen- und Stahlindustrie um ein Vermögen vergrößert und war zu einem der führenden Industriellen des Österreichisch-Ungarischen Reichs geworden. Mit Anfang fünfzig konnte er sich aus dem Geschäftsleben zurückziehen und widmete einen Teil seiner Zeit der Veröffentlichung von Artikeln zu Wirtschaftsthemen in der Wiener Presse.

Es war vor allem Wittgensteins Mutter Leopoldine, die die kulturellen und musikalischen Aktivitäten der Familie förderte. Sie war eine Bankierstochter mit Verbindungen zum steirischen Landadel. Ihre Liebe galt vor allem der Musik, und auf ihre Einladung hin verkehrten Brahms und Mahler regelmäßig im Wittgensteinschen Haus. Sie ermutigte auch Wittgensteins Bruder Paul zu einer Karriere als Konzertpianist. Nachdem Paul im Ersten Weltkrieg einen Arm verlor, schrieben u. a. Ravel und Strauss für ihn Konzerte für eine Hand. Auch Wittgenstein war mit großer musikalischer Empfänglichkeit begabt. Als Erwachsener brachte er sich selbst das Klarinettespielen bei, aber sein erstaunlichstes musikalisches Talent bestand darin, ganze Partituren aus dem Kopf nachpfeifen zu können.

Leopoldine Wittgenstein war römisch-katholisch, und entsprechend wurde Wittgenstein auch erzogen. Sein ganzes Leben lang blieb die Religion für ihn ein zentrales Thema; mehrmals in seinem Leben spielte er ernsthaft mit dem Gedanken, Mönch zu werden. Seine religiösen Gefühle waren jedoch unorthodox, und ihre genaue Natur blieb sein Geheimnis. Hinweise auf sie finden sich in seinen Schriften.

Was die Erziehung anging, war Karl Wittgenstein, vielleicht wegen der Erfahrungen, die er am eigenen Leibe gemacht hatte, sehr empfindlich. Er ließ alle seine Kinder bis zum Alter von 14 Jahren zu Hause nach einem von ihm selbst entworfenen Lehrplan unterrichten. Dieser Lehrplan war nicht eben erfolgreich. Als Wittgenstein so weit war, eine öffentliche Schule zu besuchen, wurde ihm in Wien die Aufnahme ins Gymnasium und sogar in die Realschule verweigert, weil er nicht über die vorgeschriebenen Kenntnisse verfügte. Schließlich bestand er die Aufnahmeprüfung für eine Realschule in Linz, wo auch der gleichaltrige Adolf Hitler Schüler war. Dort verbrachte er drei unglückliche Jahre; er verließ die Schule 1906 ohne Zugangsberechtigung für die Universität. Das war ein Rückschlag, denn Wittgenstein wollte in Wien bei Boltzmann Physik studieren. Er hatte aber auch immer eine Neigung zum Ingenieurwesen gehabt, dem Beruf seines Vaters; in seiner Kindheit soll er ein Modell für eine Nähmaschine konstruiert haben. Seine Eltern schickten ihn also auf die Technische Hochschule in Berlin-Charlottenburg.

Auch dort war Wittgenstein nicht sehr glücklich und brach den Aufenthalt nach drei Semestern ab. Allerdings hatte er inzwischen ein Interesse an der Luftfahrttechnik entwickelt, dem damals jüngsten Zweig seines angestrebten Berufs. 1908 ging er nach England, wo er den Sommer über an der Forschungsstation für die obere Atmosphäre in der Nähe von Glossop in Derbyshire Versuchsmaschinen erprobte. Im Herbst schrieb er sich dann an der Universität Manchester für Luftfahrttechnik ein.

Wittgenstein blieb zwei Jahre in Manchester eingeschrieben, obwohl er die meiste Zeit auf dem europäischen Festland verbrachte. Am Ende seines Aufenthaltes arbeitete er am Entwurf eines Propellers mit Düsen an den Spitzen der Drehflügel. Die mathematischen

Aspekte dieses Entwurfs faszinierten ihn, dann die Mathematik selbst und schließlich die philosophischen Fragen in bezug auf die Grundlagen der Mathematik. Er hörte sich bei Bekannten nach Büchern um, die er zu diesem Thema lesen konnte, und wurde auf Bertrand Russells *Prinzipien der Mathematik* verwiesen. Dieses Werk übte einen großen Einfluß auf Wittgenstein aus. Bislang war seine philosophische Lektüre eher begrenzt gewesen; er hatte etwas Schopenhauer gelesen, aber sonst nur wenig. Russells Buch führte ihn in die neuesten Entwicklungen der Logik und Philosophie ein, Entwicklungen, für die Russell selbst und Gottlob Frege verantwortlich waren. Wittgenstein war von diesen Gedanken fasziniert und beschloß, sich intensiver mit ihnen zu beschäftigen. 1911 nahm er Kontakt mit Frege an der Universität Jena auf, um ihm einen Aufsatz vorzulegen, den er verfaßt hatte, und um möglicherweise bei ihm zu studieren. Frege riet ihm, zu Russell nach Cambridge zu gehen. Anfang 1912 schrieb Wittgenstein sich an der Universität Cambridge ein.

Dort verbrachte er nur fünf Semester, aber diese Zeit sollte für ihn von prägender Bedeutung werden. Er diskutierte mit Russell über Logik und Philosophie. In einem Brief aus dieser Zeit sagte Russell über Wittgenstein: „[Er ist] der fähigste Mensch, der mir seit Moore begegnet ist." Die Beziehung zwischen den beiden war schon bald keine mehr zwischen Schüler und Lehrer, und obgleich Wittgensteins Freund David Pinsent in seinem Tagebuch aus dieser Zeit notierte: „Es ist klar, daß Wittgenstein ein Schüler Russells ist und ihm enorm viel verdankt", war der Einfluß doch, wie wir noch sehen werden, keineswegs so einseitig.

Wittgenstein reiste sehr gern. 1913 besuchte er mit Pinsent zunächst Island und anschließend Norwegen. Norwegen gefiel ihm, und später im selben Jahr fuhr er noch einmal allein dorthin. In einem entlegenen Winkel eines bäuerlichen Landbesitzes in der Nähe von Skjolden baute er sich eine Hütte, und dort blieb er, nur unterbrochen von einem kurzen Abstecher nach Wien zu Weihnachten, bis zum Sommer 1914. Er widmete sich der Forschung auf dem

Gebiet der Logik. G. E. Moore besuchte ihn und machte sich während des Aufenthalts einige Notizen über Wittgensteins Auffassungen. Seine damalige Arbeit stellte den ersten Schritt auf dem Weg zu seinem späteren ersten Buch, dem *Tractatus logico-philosophicus* dar.

Als 1914 der Krieg ausbrach, hielt sich Wittgenstein zu Hause in Wien auf. Binnen weniger Tage hatte er sich freiwillig bei der Kaiserlichen Armee verpflichtet. Den größten Teil der beiden folgenden Jahre diente er als Mechaniker bei einer Reparatureinheit der Artillerie an der Ostfront, zunächst in Krakau, dann in der Nähe von Lemberg. 1916 wurde er zu einer Offiziersausbildung nach Olmütz geschickt, wo er Paul Engelmann kennenlernte. Die beiden diskutierten über Religion, und Engelmann veröffentlichte später einen Bericht über ihre Freundschaft, aus dem sich ablesen läßt, wie wichtig religiöse Fragen Wittgenstein zu dieser Zeit waren.

Wittgenstein kehrte 1917 zu seinem Regiment zurück und diente als Artilleriebeobachter. Anfang 1918 wurde er einem Gebirgsregiment der Artillerie in Tirol an der Südfront zugeteilt. Als das österreichisch-ungarische Heer an der Südfront geschlagen wurde, gerieten die meisten Soldaten, unter ihnen auch Wittgenstein, in italienische Gefangenschaft. Wittgenstein blieb bis gegen Ende 1919 in der Nähe von Monte Cassino Kriegsgefangener.

Der Krieg hatte auf Wittgenstein in mindestens zweierlei Hinsicht einen bedeutenden Einfluß. Seine persönliche Weltsicht änderte sich grundlegend, besonders was Eigentum und Lebensführung betraf. Vor dem Krieg hatte er von seinem Vater ein bedeutendes Vermögen geerbt, und zuvor hatte er gelebt, wie man es vom Sohn eines großzügigen Millionärs erwarten würde. So wird zum Beispiel berichtet, daß er einmal einen Zug von Manchester nach Liverpool verpaßte und prompt versuchte, einen Privatzug für sich zu mieten, was damals möglich war, wenn man über das nötige Geld verfügte. Und Pinsent berichtet, daß sie auf ihrer Fahrt nach Island (die Wittgenstein bezahlte) so fürstlich und mit einer solchen Schar von Bediensteten reisten, daß sie die spöttischen Kommentare der anderen Touristen auf sich zogen. Vor dem Krieg scheint Wittgenstein auch sehr eitel in der Wahl seiner Krawatten gewesen zu sein. All dies änderte sich schlagartig. Wittgenstein verschenkte sein gesamtes Vermögen an seine Geschwister – seiner Ansicht nach konnte Geld sie, da sie schon reich waren, nicht weiter verderben. Fortan lebte er in vollkommener Einfachheit und versagte sich jeden Schmuck; unter anderem trug er jetzt nur noch sehr selten, wenn überhaupt, eine Krawatte.

Die Gründe für diesen Wandel sind nicht ganz klar. Möglicherweise spielt dabei eine Rolle, daß Wittgenstein an der Ostfront irgendwann in der ersten Hälfte des Jahres 1915 Tolstois *Kurze Erläuterung des Evangeliums* las und davon tief bewegt wurde. (Es scheint, daß er später, als er die Evangelien selbst las und Unterschiede feststellte, erst davon überzeugt werden mußte, daß der Urtext der Tolstoischen Darstellung überlegen ist.) Möglicherweise sagte ihm auch die Kargheit und Einfachheit des Soldatenlebens zu; asketische Neigungen hatte er schon vor dem Krieg gezeigt, wie seine norwegische Einsamkeit beweist, und in der Armee mag sich diese Neigung verfestigt haben. Jedenfalls zeigen seine Briefe und die aufgezeichneten Gespräche, daß er ein dunkles Gespür für das hatte, was er als seine eigene Sündhaftigkeit begriff, was vielleicht mit seiner Homosexualität zu tun hatte und in der Konsequenz zu Selbstkasteiung führte. Wo auch immer die Gründe liegen – Wittgenstein verließ jedenfalls 1919 das Kriegsgefangenenlager als der erkennbar ungewöhnliche, sogar exzentrische und oftmals reizbare Mensch, dessen spätere Jahre in den Erinnerungen von Zeitgenossen so gut beschrieben werden.

Von Bedeutung ist in diesem Zusammenhang noch ein zweiter Aspekt. Als Wittgenstein in Gefangenschaft kam, trug er in seinem Rucksack das Manuskript seines Buches, der *Logisch-Philosophischen Abhandlung* bei sich, das die englischsprachigen Leser unter dem inzwischen allgemein gebräuchlichen (von Moore in Anlehnung an Spinozas *Tractatus Theologico-Politicus* vorgeschlagenen) Titel *Tractatus logico-philosophicus* kennen. Wittgenstein hatte während der Kriegsjahre daran gearbeitet und schloß es dann im Lager von Monte Cassino ab, wo er durch einen glücklichen Zufall jemanden traf, mit dem er über seine Gedanken diskutieren konnte.

In den ersten Monaten des Jahres 1919 konnte Wittgenstein aus Italien an Russell schreiben und ihm von der Existenz des *Tractatus* berichten, und dank des Einflusses von John Maynard Keynes gelang es ihm sogar, Russell eine Kopie des Manuskriptes zukommen zu lassen. Nach seiner Freilassung unternahm Wittgenstein einige Versuche zur Veröffentlichung des Textes, jedoch ohne Erfolg. Verzagt überließ er Russell die Angelegenheit, der schließlich durch Zusage einer eigenen Einleitung die Publikation durchsetzte. Der *Tractatus* erschien 1921 in Deutschland und 1922 in englischer Übersetzung. Als Wittgenstein Russells Einleitung las, war er verärgert und beschwerte sich, daß Russell seine Ansichten mißverstanden und falsch dargestellt habe, obgleich beide den Text bei einem Treffen in Holland gegen Ende 1919 Zeile für Zeile durchgesprochen hatten.

Der *Tractatus* sollte das einzige von Wittgenstein zu seinen Lebenszeiten veröffentlichte Buch bleiben. Als er es abgeschlossen hatte, glaubte er, alle Probleme der Philosophie gelöst zu haben, und ganz konsequent gab er die philosophische Arbeit auf und wandte seine Aufmerksamkeit anderen Dingen zu. Während der Gefangenschaft war er zu dem Entschluß gelangt, Lehrer an einer Schule zu werden, und er zögerte nun nicht, seine Entscheidung in die Tat umzusetzen. Er nahm an einem einjährigen Kurs für angehende Grundschullehrer teil, den er im Juli 1920 abschloß. Im Herbst des gleichen Jahres trat er eine Stelle in Trattenbach an, einem Dorf in den Bergen südlich von Wien. Dort verbrachte er zwei zunehmend unglückliche Jahre, bevor er nach Puchberg-am-Schneeberg wechselte, wo sich, wie schon an seinem ersten Unterrichtsort, Spannungen mit den Eltern einiger Schüler ergaben, und binnen zweier Jahre wechselte er erneut die Stelle, diesmal nach Otterthal. Während dieser Zeit schrieb und veröffentlichte er ein *Wörterbuch für Volksschulen*. Aber auch hier kam es zu Schwierigkeiten mit Eltern; es scheint, daß Wittgensteins auffahrendes Temperament und die ihm vorgeworfene unverhältnismäßige Härte seiner Disziplinarmaßnahmen zu Beschwerden führten. Noch bevor offizielle Schritte gegen ihn eingeleitet werden konnten, gab Wittgenstein seine Stelle im April 1926 auf und kehrte nach Wien zurück.

Sein Scheitern als Schullehrer deprimierte ihn zutiefst. Er nahm eine Stelle als Gärtner in einem Kloster in Hüttendorf bei Wien an und dachte zum dritten Mal darüber nach, Mönch zu werden (zum ersten Mal hatte er kurz vor dem Krieg mit diesem Gedanken gespielt und zum zweiten Mal nach seiner Entlassung aus dem Kriegsgefangenenlager). Er ging sogar so weit, Erkundigungen über einen möglichen Beitritt zum Orden einzuholen, wurde aber dann im Gespräch mit den Oberen belehrt, daß seine Motive für einen solchen Schritt nicht die angemessenen waren und daß er im Klosterleben nicht finden würde, was er suchte.

Aus dieser verzweifelten Lage befreiten ihn zwei Entwicklungen. Zum einen beschäftigte er sich immer intensiver mit dem Entwurf und dem Bau eines Hauses für eine seiner Schwestern. Zunächst arbeitete er mit dem Architekten, seinem Freund Paul Engelmann, zusammen, aber bald übernahm er die alleinige Verantwortung. Jedem einzelnen Detail des Hauses widmete er die skrupulöseste Aufmerksamkeit. So mußten z. B. die Heizkörper ganz genau an den vorgesehenen Stellen angebracht werden, um die Symmetrie der Räume nicht zu stören. Dieses Haus ist hoch gepriesen worden; G. H. von Wright beispielsweise sieht in ihm die gleiche „statische Schönheit" verwirklicht wie im *Tractatus*. Es handelt sich um ein Gebäude im modernen, ornamentfreien Stil, das von der Arbeit von Adolf Loos beeinflußt ist, den Wittgenstein bewunderte.

Dieser Ausflug in die Architektur half Wittgenstein nach all den Schwierigkeiten, sein Gleichgewicht wiederzufinden, und er bereitete ihn auf eine zweite Entwicklung vor: Philosophen der Wiener Universität nahmen Kontakt zu ihm auf und luden ihn zu Diskussionen ein. Wittgenstein sagte zu und begann langsam, sich wieder der philosophischen Arbeit zuzuwenden. Tatsächlich war die Verbindung zur Philosophie während seiner Schultätigkeit nicht ganz abgerissen. Sie hatte in Gestalt des jungen englischen Philosophen

F. P. Ramsey fortbestanden, der an der englischen Übersetzung des *Tractatus* mitgewirkt und Wittgenstein wiederholt in Österreich besucht hatte. Wittgenstein erörterte den *Tractatus* zwar eingehend mit Ramsey, aber dieser konnte ihn doch nicht überzeugen, seine philosophische Arbeit wieder aufzunehmen. Nun jedoch trat Moritz Schlick an ihn heran, Professor an der Universität Wien und Begründer des „Wiener Kreises", einer aktiven Gruppe von Philosophen und Wissenschaftlern, die seit 1925 eng zusammenarbeiteten. Schlick gelang es nicht, Wittgenstein in diesen Kreis selbst hineinzuziehen, aber er und verschiedene seiner Kollegen trafen doch in unregelmäßigen Abständen mit Wittgenstein zusammen. Wittgensteins philosophische Interessen erwachten zu neuem Leben, und bald mußte er feststellen, daß mit seinem *Tractatus* doch nicht alle philosophischen Probleme gelöst worden waren. Dies war der Anreiz für die Entwicklung der zweiten und in vieler Hinsicht von der ersten sehr verschiedenen Phase seiner philosophischen Arbeit.

Ein wichtiges Ergebnis der Kontakte mit Schlick und anderen Mitgliedern des Kreises war Wittgensteins Rückkehr nach Cambridge im Jahr 1929. Er hatte erfahren, daß er den *Tractatus* dort nach einem Aufenthalt von einem weiteren Jahr als Doktorarbeit einreichen konnte. Er schrieb sich also ein, Ramsey wurde sein Tutor, Russell und Moore übernahmen die Funktion der Prüfer. Moore hielt, wie viele der älteren Generation, nicht viel vom Doktortitel, der damals ein Neuimport aus den Vereinigten Staaten war, und es geht das Gerücht, daß er in seinen Prüfungsbericht schrieb: „Der *Tractatus* ist das Werk eines Genies, ansonsten erfüllt er aber die Voraussetzungen zur Annahme als Doktorarbeit." Nach der Verleihung des Titels kümmerte sich Wittgenstein um eine Stelle an der Universität Cambridge. Er bewarb sich um eine auf fünf Jahre ausgeschriebene Forschungsstelle am Trinity College und erhielt sie mit Russells großzügiger Unterstützung in Form einer positiven Begutachtung von Wittgensteins Forschungsvorhaben im Jahr 1930. Nun trat er in seine fruchtbarste und produktivste philosophische Phase ein; er begann, unablässig zu schreiben.

Als seine Forschungsstelle auslief, wollte Wittgenstein in die Sowjetunion auswandern, die damals in Cambridger Kreisen gerade en vogue war. Als leidenschaftlicher Verehrer Tolstois und Dostojewskis hegte Wittgenstein schon lange Bewunderung für Rußland. Er lernte also Russisch und besuchte 1935 mit einem Freund die UdSSR. Es ist nicht klar, weshalb er seine Entscheidung, sich dort niederzulassen, revidierte, aber nach einem Jahr in seiner norwegischen Hütte kehrte er nach Cambridge zurück und trat 1939 die Nachfolge Moores als Philosophieprofessor an. Bevor er jedoch seine Lehrtätigkeit aufnehmen konnte, brach der Zweite Weltkrieg aus. Bis 1944 arbeitete Wittgenstein als Pförtner im Guy's Hospital in London und dann im Royal Victoria Krankenhaus in Newcastle upon Tyne. Er hatte die britische Staatsangehörigkeit angenommen und wurde deshalb nicht interniert.

In den beiden akademischen Jahren 1945/46 und 1946/47 lehrte Wittgenstein in Cambridge. Das Leben als britischer Universitätslehrer war ihm äußerst zuwider, besonders, was gewisse besondere Verpflichtungen anging; so haßte er z. B. die obligaten Tischgespräche derart, daß er möglichst nicht im Speisesaal aß. Ende 1947 gab er seine Professur auf und ging nach Irland, wo er einen Teil der Zeit in einer Hütte an der Küste von Galway verbrachte und später dann in einem Dubliner Hotel wohnte. Hier schloß er das Hauptwerk seiner späteren Philosophie ab, die *Philosophischen Untersuchungen*. Er war bei schlechter Gesundheit; nach einem kurzen Besuch der Vereinigten Staaten im Jahr 1949 erfuhr er, daß er Krebs hatte. Von diesem Zeitpunkt an bis zu seinem Tod 1951 wohnte er bei verschiedenen Freunden in Oxford und Cambridge. Er notierte weiter bis kurz vor seinem Tod seine philosophischen Gedanken, soweit sein Gesundheitszustand ihm dies erlaubte.

Wir besitzen lebhafte Beschreibungen von Wittgenstein in Memoiren und Erinnerungen. Die meisten dieser Texte wurden von Personen verfaßt, auf die Wittgenstein großen Einfluß ausübte, und sind daher sicher nicht immer unparteiisch. Zusammen mit den wenigen erhaltenen objektiveren Beschreibungen jedoch und mit

Wittgensteins eigenen Briefen überliefern sie uns ein bewegtes Bild des Menschen und seines Charakters. Wittgenstein erscheint hier als starker, rastloser, dominierender Mensch, als ein angespannter und schwieriger Mann, den man entweder bewunderte oder ablehnte. Die wichtigsten Erinnerungen stammen von Personen, die Wittgenstein als junge Studenten kennenlernten, als er selbst schon fast fünfzig war, was wohl zum Teil ihre Heldenverehrung verständlich macht. Sie beschreiben ihn als knapp 1,70 m groß, mit bohrendem Blick und einer strengen, unnachgiebigen Haltung. Fast alle, die über ihre Begegnung mit Wittgenstein geschrieben haben, betonen die Stärke seiner persönlichen Ausstrahlung und sprechen von dem Bann, in den man durch die Intensität seines Ausdrucks und seine merkwürdige Gestik im Gespräch geriet.

Wittgenstein lehrte, indem er in seinen Räumen am Trinity College vor einer Gruppe von Studenten laut dachte. Die Studenten wußten, daß der *Tractatus* ihn berühmt gemacht hatte, aber in seinen Seminaren wies er viele zentrale Auffassungen dieses Werks strikt zurück und entwarf an deren Stelle eine ganze Reihe neuer philosophischer Gedanken. Die jungen Leute hatten das Gefühl, etwas Wichtigem beizuwohnen, und nicht nur etwas Wichtigem, auch etwas Dramatischem. Zu Wittgensteins Lehrstil gehörte, daß er vor seinen Studenten mit seinen Problemen rang. Nicht selten rief er plötzlich aus: „Bin ich heute dumm!", und dann wieder konnte er lange schweigend vor sich hin brüten. Äußerungen seiner Studenten, die er nicht billigte, wurden mit vernichtenden Erwiderungen beantwortet. Wittgensteins Kurse behagten natürlich nicht allen, aber auf einige machten sie einen derartig tiefen Eindruck, daß sie nicht mehr anders als auf Wittgensteins Weise überhaupt an Philosophie denken konnten.

Das Bild von Wittgenstein auf einem Klappstuhl in seinen spärlich möblierten Räumen beim Seminar täuscht ein wenig, denn Wittgenstein verbrachte nur einen kleinen Teil seines Lebens als Lehrer in Cambridge. In Wahrheit war er ein Nomade, ein Wanderer ohne Wurzeln, rastlos unterwegs von einem Land ins andere, von einem Ort zum anderen; längere Aufenthalte unterbrach er immer wieder durch kurze Reisen. Wenn er nicht gerade bei Freunden wohnte oder mit Freunden auf Reisen war, lebte er allein. Selten blieb er länger als einige Jahre am gleichen Ort. Auch seine Beschäftigungen wechselte er aufgrund von Umständen oder eigenen Entscheidungen häufig, er war Student, Soldat, Grundschullehrer, Gärtner, Architekt, Streuner, Professor, und in keiner dieser Rollen schien er zufrieden. Sein Leben war daher zersplittert und ohne feste Bindungen und, wie es scheint, nur selten glücklich.

Einigen Menschen begegnete Wittgenstein mit großer Freundlichkeit. Vor dem Ersten Weltkrieg verschenkte er anonym eine großzügige Geldsumme an zwei Dichter. Er war zu echten Freundschaften fähig, und obgleich er als Freund sehr streng und fordernd war, waren die meisten Menschen, die ihm nahekamen, ihm tief verbunden. Mit einigen seiner Schüler pflegte er besonders enge Beziehungen. Anderen gegenüber konnte Wittgenstein aber grausam und abweisend sein. Einige, die nicht seine Schüler waren, berichten, daß er arrogant, intolerant und rüde sein konnte. Einige Familien seiner Studenten waren besorgt über den beherrschenden Einfluß, den er ausübte. Immer riet er rigoros von akademischen Karrieren ab; auf sein Drängen hin gaben mehrere begabte Studenten die Philosophie auf, und einer von ihnen verbrachte zu Wittgensteins großer Befriedigung den Rest seines Lebens als Angestellter in einer Konservenfabrik.

Um Wittgensteins Persönlichkeit und den Charakter seiner Philosophie etwas besser zu verstehen, darf man wohl seine Erziehung nicht außer acht lassen. Wie schon gesagt, wurde er unter der exzentrischen Anleitung seines Vaters zu Hause unterrichtet, bevor er drei Jahre lang eine Schule besuchte und dann für jeweils kurze Zeit ganz verschiedene Einrichtungen von der Technischen Hochschule in Berlin bis zur Universität Cambridge kennenlernte. Außer seiner Lehrberechtigung für die Grundschule blieb sein einziger akademischer Abschluß der Doktortitel von Cambridge, den er im Alter von vierzig Jahren erwarb. Er war keinesfalls ein Gelehrter, er absolvierte kein gründliches Studium der klassischen Philosophen (die meisten von ihnen las er überhaupt nicht), und er versuchte aktiv, seine Studenten von solchen Studien abzubringen.

Die andere Seite dieser sprunghaften und unvollständigen Ausbildung stellen seine frühen Jahre in einem hochkultivierten Elternhaus dar. Wittgenstein entwickelte musikalische Interessen und lernte mehrere Sprachen, die er später um Lateinisch, Norwegisch und Russisch ergänzte. Zweifellos interessierte er sich als junger Mann für das blühende geistige Leben Wiens. Ein Hinweis darauf ist seine Schopenhauerlektüre, die damals unter Wiener Intellektuellen und Künstlern gang und gäbe war. (So schenkte z.B. Mahler dem jungen Bruno Walter eine Ausgabe der Werke Schopenhauers.) Diese Mischung aus einer lückenhaften schulischen Ausbildung einerseits und einem kultivierten, großbürgerlichen Hintergrund andererseits macht vielleicht den außergewöhnlichen Charakter seines Geistes und seiner Neigungen etwas verständlicher. Eine unorthodoxe Erziehung fördert möglicherweise die Originalität; andererseits wird angeborene Originalität durch eine übermäßig formelle Schulbildung wahrscheinlich nicht eben unterstützt. Wie dem auch sei, Wittgenstein war jedenfalls nicht das Produkt einer normalen und typischen Erziehung, und davon zeugt auch der Charakter seines Werks. Auch darin ist Wittgenstein vielleicht der letzte seiner Art gewesen: der letzte bedeutende Philosoph, der sich nicht den orthodoxen akademischen Spielregeln unterworfen hat, um von der Gemeinde der akademischen Philosophen ernst genommen zu werden.

# 2. Die frühe Philosophie

In diesem Kapitel erörtere ich Wittgensteins philosophisches Frühwerk, den *Tractatus logico-philosophicus*. Die Kenntnis der Hauptlehren dieses Werks erleichtert wesentlich das Verständnis der späteren Philosophie Wittgensteins.

Die Abschnitte 2 und 3 sind dem *Tractatus* selbst gewidmet, während Abschnitt 1 einige Hintergründe behandelt, die zum Verständnis des *Tractatus* wichtig sind. Abschnitt 4 beschließt dieses Kapitel mit einigen Bemerkungen zum Einfluß von Wittgensteins Frühwerk auf andere Philosophen.

Der in Abschnitt 1 skizzierte Hintergrund soll die Erörterung des *Tractatus* vorbereiten, richtet sich jedoch besonders an Leser ohne philosophische Vorkenntnisse. Es enthält eine Darstellung gewisser fachspezifischer Begriffsbildungen in Logik und Philosophie, die für Wittgensteins frühe Arbeit eine wichtige Rolle spielen. Ich stelle diese Begriffsbildungen in allgemeinverständlicher Form vor.

## a) Ziele und Hintergrund

Wittgenstein formuliert das Ziel seines *Tractatus* im Vorwort. Es besteht im Aufweis, daß die Probleme der Philosophie durch ein angemessenes Verständnis der Funktionsweise der Sprache lösbar sind. Wittgenstein sagt hier, daß wir die Probleme der Philosophie lösen werden, wenn wir die „Logik unserer Sprache" verstehen. Hier liegt in der Tat der Kerngedanke der gesamten Philosophie Wittgensteins, der sich vom frühen bis zum späten Werk durchhält. Wir werden jedoch sehen, daß unter der „Logik unserer Sprache" im frühen und im späten Werk ganz Verschiedenes verstanden wird; das Spätwerk geht von der Zurückweisung einiger der zentralen Gedanken des frühen Werkes aus.

Der von Wittgenstein formulierte Zweck des *Tractatus* besitzt zwei Aspekte. Sein Ziel ist *die Lösung der philosophischen Probleme*, und erreichen will Wittgenstein dieses Ziel, indem er *zeigt, wie unsere Sprache arbeitet*. Der *Tractatus* will demonstrieren, inwiefern ein Verständnis der Sprache „die philosophischen Probleme lösen" kann. Auf andere Weise ist dies auch das Anliegen seiner späteren Philosophie. Wir werden uns dieser Demonstration gleich zuwenden, müssen aber zunächst klären, was unter ‚philosophischen Problemen' zu verstehen ist.

Man kann die Philosophie als den Versuch auffassen, eine Reihe grundlegender und beunruhigender Fragen zu klären und womöglich zu beantworten, die sich stellen, wenn wir im allgemeinen und im engeren Sinn versuchen, uns Klarheit über uns selbst und die Welt zu verschaffen, in der wir leben. Neben vielem anderen betreffen diese Fragen Existenz und Wirklichkeit, Wissen und Glauben, Vernunft und vernünftige Argumentation, Wahrheit, Bedeutung und Wert im ethischen und ästhetischen Sinn. Die Fragen selbst haben die Form: Was ist Wirklichkeit? Welche Arten von Dingen existieren tatsächlich? Was ist Wissen, und wie erwerben wir es? Wie können wir sicher sein, daß das, was wir zu wissen behaupten, nicht systematisch irregeleitet ist? Welches sind die Grundregeln korrekter Begründung? Was ist moralisch die richtige Lebens- und Handlungsweise und weshalb?

Philosophische Probleme lassen sich nicht mit empirischen Mitteln lösen, indem man etwa durch ein Teleskop oder Mikroskop schaut oder in einem Labor Experimente anstellt. Philosophische Probleme sind begrifflicher und logischer Art und fordern begriffliche und logische Untersuchungen. Über die Jahrtausende sind große geistige Anstrengungen unternommen worden, um die Fragen der Philosophie zu klären und zu beantworten. Einige Philosophen haben erklärende Theorien entwickelt, die zum Teil äußerst komplex und anspruchsvoll sind; andere haben mit großer Sorgfalt Einzelfragen analysiert. So gut wie alle, die in ihrer langen Geschichte Beiträge zur Philosophie geliefert haben, sind sich einig gewesen, daß die erwähnten Fragen nach Existenz, Wissen, Wahrheit und Wert von großer Wichtigkeit sind, und auf der Grundlage dieser gemeinsamen Auffassung haben sich die philosophischen Debatten mindestens seit dem klassischen Altertum bewegt.

Wittgenstein stellt sich gegen diese Strömung. Seiner Ansicht nach liegt die eigentliche Aufgabe der Philosophie nicht in der Beschäftigung mit den genannten Fragen, denn für ihn enthalten sie Scheinprobleme, die sich aus Mißverständnissen bezüglich der Sprache ergeben. Die *eigentliche* Aufgabe der Philosophie, sagt er, besteht in der Klärung der Natur unseres Denkens und Sprechens, denn nachdem diese Klärung erreicht ist, wird der Scheincharakter der traditionellen philosophischen Probleme offenbar, und diese Probleme verschwinden. Das Frühwerk Wittgensteins, der *Tractatus*, wie auch seine spätere Arbeit, gilt einer solchen Art der „Lösung" der philosophischen Probleme.

Für den *Tractatus* ist der Gedanke zentral, daß der Sprache eine logische Struktur zugrunde liegt und daß ein Verständnis dieser Struktur uns die Grenzen dessen zeigt, was wir klar und sinnvoll sagen können. Die Bedeutung dieses Gedankens liegt darin, daß nach Wittgenstein das, was *gesagt* werden kann, dasselbe ist wie das, was *gedacht* werden kann. Hat man demnach einmal die Natur der Sprache und damit die Natur dessen erfaßt, was klar und sinnvoll gedacht werden kann, dann hat man die Grenze aufgewiesen, jenseits welcher Sprache und Denken zu Unsinn werden. Nach Wittgensteins Meinung entstehen genau dort, jenseits der Grenzen des Sinns, die traditionellen Probleme der Philosophie, und sie entstehen, weil wir zu sagen versuchen, was nicht sagbar ist, was dasselbe bedeutet wie der Versuch, das Undenkbare zu denken. Wittgenstein drückt dies zu Beginn und zum Ende des *Tractatus* mit den inzwischen berühmten Worten aus: „Was sich überhaupt sagen läßt, läßt sich klar sagen…" (T, Vorwort) und: „Wovon man nicht sprechen kann, darüber muß man schweigen." (T, 7) In einem Brief an Russell sagt er etwas ausführlicher: „Die Hauptsache [des *Tractatus*] ist die Theorie über das, was durch Sätze – d. h. durch Sprache – gesagt (und, was auf dasselbe hinausläuft, *gedacht*) und was nicht durch Sätze ausgedrückt, sondern nur gezeigt werden kann. Dies ist, glaube ich, das Hauptproblem der Philosophie."

Wittgenstein geht es mit diesen Behauptungen um die eigentliche Aufgabe der Philosophie, die darin besteht, „[n]ichts zu sagen, als was sich sagen läßt, also Sätze der Naturwissenschaft – also etwas, was mit Philosophie nichts zu tun hat –, und dann immer, wenn ein anderer etwas Metaphysisches sagen wollte, ihm nachzuweisen, daß er gewissen Zeichen in seinen Sätzen keine Bedeutung gegeben hat." (T, 6.53) Aber dieser negative Ansatz ist nicht das letzte Wort, denn Wittgenstein schließt Fragen der Ethik und Ästhetik, der Religion und der „Lebensprobleme" (T, 6.52) durchaus nicht als unsinnig aus; unsinnig ist für ihn nur der Versuch, etwas über diese Dinge zu *sagen*: „Es gibt allerdings Unaussprechliches. Dies *zeigt* sich, es ist das Mystische." (T, 6.522) Hier ist nur ein ,Zeigen', aber kein ,Sagen' möglich. Gelegentlich spricht Wittgenstein auch von der „wichtigeren ungeschriebenen zweiten Hälfte" des *Tractatus*, womit er zum Ausdruck bringen will, daß die eigentlich bedeutenden Fragen sich aus dem ergeben, was der *Tractatus nicht* sagt, denn der *Tractatus* zeigt von innerhalb der Grenzen der Sprache her, was wichtig ist. In einem anderen Brief schreibt Wittgenstein: „Es wird nämlich das Ethische durch mein Buch gleichsam von innen her begrenzt… Alles das, was *viele* heute *schwefeln*, habe ich in meinem Buch festgelegt, indem ich darüber schweige."

Wittgenstein setzt sich also im *Tractatus* die Aufgabe, mit Blick auf das soeben Gesagte zu erklären, wie die Sprache arbeitet. Genauer besteht seine Aufgabe darin, die Natur der Sprache und ihrer Beziehung zur Welt zu enthüllen, was in der Tat darauf hinausläuft zu erklären, in welcher Weise unsere Sätze Bedeutung bekommen. Entsprechend beschreibt er im *Tractatus* vor allem, was Sätze sind, und fragt sich, worin ihre Bedeutung besteht. Und das heißt, wie wir gesehen haben, für Wittgenstein dasselbe wie die Grenzen des *Denkens* festzustellen. Da die Grenzen des Denkens und der Sprache dieselben sind, ist eine Untersuchung der ersteren zugleich eine Untersuchung der letzteren. Diesen zentralen Zug von Wittgensteins Projekt muß man immer im Auge behalten.

Man kann weder Wittgensteins Ziel noch den Weg, auf dem er es erreichen will, wirklich verstehen, wenn man nicht ein wenig über den philosophischen Hintergrund seines Werkes weiß. Dieser Hintergrund besteht in bestimmten Entwicklungen auf dem Gebiet der Logik und Philosophie, die zum großen Teil auf den Schriften Freges und Russells aufbauen, Entwicklungen, die sich vor dem Erscheinen des *Tractatus* vollzogen hatten und die Wittgenstein während seines Studiums bei Russell in Cambridge kennenlernte. Ich will also zunächst diesen Hintergrund skizzieren.

Am praktischsten dürfte es sein, mit der Idee der *Aussage* oder *Proposition* in der Philosophie zu beginnen, denn von Aussagen wird im folgenden oft die Rede sein. Lassen wir gewisse Komplikationen beiseite, dann können wir sagen, daß eine Aussage oder Proposition in diesem philosophischen Sinn etwas ist, das als wahr behauptet oder zur Annahme als wahr vorgeschlagen wird, z.B. ,der Tisch ist braun' oder ,dieses Buch handelt von Wittgenstein' oder ,es regnet'. Aber Aussagen dürfen nicht mit den *Sätzen* verwechselt werden, mit deren Hilfe sie geäußert werden. Ein Satz ist eine grammatisch wohlgeformte Folge von Worten in einer Sprache, die von einer Person zu einem bestimmten Zeitpunkt und an einem bestimmten Ort niedergeschrieben oder ausgesprochen werden. Ein Satz muß, um ein Satz zu sein, nur den grammatikalischen Regeln der Sprache entsprechen, zu der er gehört; er muß nicht auch ,sinnvoll' sein. Wortfolgen wie ,grüne Ideen schlafen wütend' sind zwar unsinnig, erfüllen aber dennoch die Kriterien für einen Satz. Eine Aussage dagegen ist das, *was behauptet wird*, wenn ein Satz (genauer ein Behauptungssatz) sinnvoll und nicht leer und zwecklos gebraucht wird. Aussagen und Sätze sind daher ganz verschiedene Dinge. Man kann diesen Unterschied am besten erfassen, wenn man sich vergegenwärtigt, daß *verschiedene* Sätze, von verschiedenen Personen zu verschiedenen Zeiten und an verschiedenen Orten niedergeschrieben oder ausgesprochen, alle das *gleiche* sagen können, d. h. die gleiche Aussage ausdrücken können, und daß der *gleiche* Satz, der von verschiedenen Personen bei gleichen oder verschiedenen Gelegenheiten gebraucht wird, *verschiedenes* sagen, d. h. verschiedene Aussagen ausdrücken kann. Hier einige Beispiele: Die deutschen, englischen, französischen und chinesischen Sätze *es regnet*, *it is raining*, *il pleut* und *xia yu* sagen alle dasselbe aus, nämlich daß es regnet. Das illustriert den ersten Fall. Anders, wenn ich sage ‚ich habe Kopfschmerzen‘ und wenn jemand anderer sagt ‚ich habe Kopfschmerzen‘; in diesem Fall werden durch den gleichen Satz zwei verschiedene Dinge gesagt (zwei verschiedene Aussagen ausgedrückt). Das illustriert den zweiten Fall.

Einige Philosophen haben vorgeschlagen, die Aussage als den durch den Gebrauch eines Satzes (oder synonymer Sätze der gleichen oder anderer Sprachen) übermittelten *Gedanken* zu verstehen. Andere wieder sprachen von der Aussage als der *Bedeutung* von Sätzen oder von Aussagen als denjenigen Gegenständen, die dem Geist vorschweben, wenn man weiß, glaubt, sich erinnert oder hofft, daß etwas der Fall ist. Wenn z. B. Jack glaubt, daß Jill in Jim verliebt ist, dann ist dieser Auffassung zufolge der Gegenstand von Jacks Glaubensakt die Aussage ‚Jill ist in Jim verliebt‘. Diese Ansätze schließen einander nicht aus; Aussagen können all dies zugleich sein. Wir brauchen uns bei diesen Fragen hier nicht weiter aufzuhalten, wir werden später noch auf andere Überlegungen zur Natur der Aussage stoßen und können uns für den Moment mit dieser Skizze begnügen. Wichtig ist nun festzuhalten, daß eine Aussage nach Wittgensteins Theorie der ausgesprochene oder niedergeschriebene Ausdruck eines Gedankens ist. Entsprechend interessieren uns hier nicht besondere englische, deutsche oder chinesische Sätze, sondern die *Gedanken*, die *ausgedrückt* werden, wenn solche Sätze gebraucht werden.

Für das Verständnis des *Tractatus* sind als Hintergrund Entwicklungen in der Philosophie von Bedeutung, die sich, wie erwähnt, aus der Arbeit Freges und Russells ergeben haben. Um etwas von diesem Hintergrund zu verdeutlichen, empfiehlt sich zunächst der Blick auf ein Problem, mit dem Russell sich in einer berühmt gewordenen logischen Analyse beschäftigt hat.

Das fragliche Problem betrifft die Tatsache, daß die Alltagssprache oftmals philosophisch irreführend ist, d. h. oftmals irreführend bezüglich dessen, was wir berechtigterweise über die Welt denken können. Das Problem läßt sich folgendermaßen darstellen: Betrachten wir die beiden Aussagen (1) ,der Tisch ist braun' und (2) ,seine Verspätung war ärgerlich'. Die herkömmliche Theorie der *Struktur* von Aussagen behandelt beide als bestehend aus zwei Komponenten, nämlich aus einem Subjekt (,der Tisch', ,seine Verspätung') und einem Prädikat (,ist braun', ,war ärgerlich'). Der Subjektausdruck bezieht sich auf etwas, und das Prädikat sagt von diesem Etwas, daß es eine bestimmte Eigenschaft oder Qualität besitzt. So wird in (1) die Eigenschaft des Braunseins von einem bestimmten Tisch behauptet; in (2) wird die Eigenschaft des Ärgerlichseins von der Verspätung einer Person behauptet. Nun führt aber diese Art, die Struktur von Aussagen und insbesondere das, was ihre verschiedenen Teile leisten, aufzufassen, geradewegs in eine Schwierigkeit, die durch eine Gegenüberstellung von (1) und (2) hervortritt. Aussage (1) scheint unproblematisch, weil es tatsächlich Tische in der Welt gibt, die mit dem Subjektausdruck bezeichnet werden können, und wir können von jedem entsprechenden Tisch behaupten, daß er braun ist, wozu wir den Prädikatausdruck verwenden. Wenden wir aber die gleiche Analyse auf (2) an, dann scheinen wir allem Anschein nach zu sagen, daß es in der Welt *Verspätungen* gibt – und hier sollten wir stutzig werden. Denn zwar können Dinge und Personen tatsächlich verspätet eintreffen oder ankommen, aber wir nehmen eindeutig nicht an, daß die Welt Dinge namens ,Verspätung' enthält, zumindest nicht im selben Sinn, in dem wir annehmen, daß sie Tische enthält. Es geht hier also darum, daß die Oberflächenformen von Sätzen der Alltagssprache wichtige Unterschiede zwischen dem verdecken können, was in verschiedenen Fällen tatsächlich gesagt – und damit gedacht – wird; und das führt nicht selten zu philosophischen Problemen und Mißverständnissen.

Natürlich wirft Aussage (2) kein ernsthaftes Problem auf, denn wir können diese Aussage leicht so umformulieren, daß der anscheinende Bezug auf ‚Verspätung‘ verschwindet. Wir könnten z. B. sagen: ‚Er kam ärgerlicherweise spät.‘ Und um Fehler in unserem Denken über die Welt zu vermeiden, ist eine solche Umschreibung auch nützlich. Aus philosophischer Sicht zeigt sich hier, daß wir mit der Alltagssprache manchmal vorsichtig umgehen müssen, um unser Denken klar zu halten, und diese Vorsicht muß manchmal sogar so weit gehen, daß wir das, was wir sagen, wie im gerade gegebenen Beispiel, so umformulieren müssen, daß irreführende Implikationen vermieden werden. Ganz besonders deutlich wird das, wenn wir einen ernsthafteren Fall betrachten, in dem eine Aussage problematisch sein kann. Dieser Fall ist gegeben, wenn eine Aussage einen einwandfreien Subjektausdruck zu haben scheint, der (wie ‚der Tisch‘ und anders als ‚seine Verspätung‘) ein natürlicher und angemessener Ausdruck für die Subjektposition im Satz zu sein scheint, indem er einen existierenden Gegenstand zu bezeichnen scheint – und der sich dennoch auf nichts bezieht. Mit diesem schwierigeren Fall hat es Russells Analyse zu tun.

Betrachten wir die Aussage ‚der derzeitige König von Frankreich ist weise‘. Sie ist vollkommen sinnvoll, und deshalb scheint die Frage nur natürlich, ob sie richtig oder falsch ist. Die Antwort auf diese Frage scheint ebenso naheliegend. Es gibt derzeit keinen König von Frankreich; der Subjektausdruck bezieht sich auf nichts. Es scheint folglich, daß die Aussage als falsch betrachtet werden sollte. Aber das Problem liegt hier darin, wie man demonstrieren soll, *warum* diese Aussage falsch ist. Wenn wir unter normalen Umständen von etwas (nennen wir es ‚x‘) sagen, daß es weise ist, dann ist die Aussage ‚x ist weise‘ wahr, wenn x weise *ist*, und falsch, wenn x *nicht* weise *ist*. Wie aber, wenn es kein x gibt? Wie können wir von etwas, das es nicht gibt, sagen, daß es weise oder nicht weise ist?

Ursprünglich nahm Russell eine Lösung dieses Rätsels an, die von Alexius Meinong, einem Philosophen aus dem 19. Jahrhundert, vorgeschlagen worden war. Diese Lösung besagte, daß jeder Ausdruck, der in einem Satz die Funktion der Bezeichnung hat, auch *tatsächlich* etwas bezeichnet, entweder einen wirklich existierenden Gegenstand wie z. B. den Tisch in ‚der Tisch ist braun‘ oder aber etwas ‚Subsistierendes‘, wobei ‚subsistierend‘ eine nicht-wirkliche Existenz bedeutet, eine Art reale, aber nur halbe oder bloß ‚bis auf Widerruf verliehene‘ Existenz. Nach dieser Auffassung enthält das Universum alles, was gedacht oder worüber gesprochen werden kann, eingeschlossen den derzeitigen König von Frankreich, aber nur einiges von dem, was das Universum enthält, existiert *wirklich*, wirkt auf anderes Existierendes ein. Entsprechend bezeichnet der beschreibende Ausdruck ‚der derzeitige König von Frankreich‘ tatsächlich etwas, und zwar einen subsistierenden – d. h. einen realen, aber nicht-wirklichen – König von Frankreich.

Meinongs Auffassung ist nicht so absonderlich, wie sie zunächst scheint, denn sie gründet auf einer Überlegung, die richtig und wichtig ist. Dieser Überlegung zufolge ist das Denken *intentional*, d. h. auf einen Gegenstand gerichtet oder konzentriert. Dabei wird unter ‚Gegenstand‘ alles verstanden, was gesagt wird, wenn man auf die Frage antwortet: Woran denkst du? Nehmen wir an, jemand stellt mir diese Frage, während ich an meinen Tisch denke; ich antworte also: ‚an den Tisch‘. Der Tisch ist der von meinem Gedanken ‚intendierte‘ Gegenstand, er ist das, worauf sich mein Gedanke *bezieht*. Nicht anders ist es, wenn ich an eine Nymphe denke: Der Gegenstand oder die ‚Intention‘ meines Gedankens ist dann diese Nymphe. Im ersten Fall existiert das, woran ich denke (der Tisch), wirklich in der Welt; im zweiten Fall hat der Gegenstand meines Denkens nur eine intentionale Existenz, d. h. er existiert nur als Gegenstand oder Intention eines Gedankens. In beiden Fällen ist der durch den Gedanken intendierte Gegenstand dasjenige, dem dieser Gedanke gilt oder das, worauf er gerichtet ist. Soweit ist die Sache nicht weiter schwierig. Aber Meinong ging noch weiter und argumentierte folgendermaßen: Da eine Nymphe sowohl durch Ihre wie durch meine Gedanken intendiert sein kann, ist ihre Existenz als Gegenstand des Denkens in wichtiger Hinsicht unabhängig von unseren Akten des Denkens an sie, und daher kommt ihr eine reale Existenz zu, wenn auch keine *wirkliche* in dem Sinn, daß man ihr in der Welt auf die gleiche Weise begegnen kann, wie man einem Tisch begegnen kann. In Meinongs Sprachgebrauch kann man in aller Kürze sagen, daß die Nymphe ‚subsistiert'.

Russell konnte sich mit dieser Theorie nicht lange zufriedengeben. Die Idee subsistierender Gegenstände ist offensichtlich schwer zu schlucken, und sie lief schließlich Russells „lebhaftem Realitätssinn" zuwider, wie er sagte. Dieser Widerstand läßt sich leicht begreifen, wenn man bedenkt, daß jeder von uns nach dieser Theorie z. B. eine unendliche Anzahl subsistierender, aber nicht wirklicher Brüder und Schwestern hätte; zusammen mit den unendlich vielen weiteren subsistierenden Gegenständen und den wirklich existierenden würden sie zu einem wahrhaft überfüllten Universum führen. Russell machte sich also daran, eine Analyse von Aussagen wie ‚der derzeitige König von Frankreich ist weise' zu entwickeln, die die Sinnhaftigkeit und die Richtigkeit oder Falschheit solcher Aussagen erklären konnte, ohne auf den Gedanken des Subsistierens zurückgreifen zu müssen. Er vertrat die Auffassung, daß Namen und beschreibende Ausdrücke, die in Sätzen die Position des *grammatischen* Subjekts einnehmen, gar keine echten bezugnehmenden Ausdrücke sind. Daher, so folgert er, sind Sätze, in denen solche Ausdrücke die grammatikalische Subjektposition einnehmen, bezüglich der angemessenen *logischen* Form der Aussagen, die sie ausdrücken, irreführend. So sollte ‚der derzeitige König von Frankreich ist weise' korrekt als Kurzform für eine Verknüpfung von drei Aussagen angesehen werden, die folgendes behaupten: (1) daß es einen König von Frankreich gibt, (2) daß es nur einen König von Frankreich gibt (was dem bestimmten Artikel ‚der' Genüge tut) und (3) daß, was immer König von Frankreich ist, auch weise ist. Da (1) falsch ist, ist die ursprüngliche Aussage falsch. Eigennamen wie

‚Henry' sind auf die gleiche Weise zu behandeln, denn sie können als verdeckte Beschreibungen aufgefaßt werden; wenn wir sagen ‚Henry ist weise', behaupten wir: (1) Es gibt etwas, das Henry ist, (2) im fraglichen Zusammenhang gibt es nur ein einziges solches Ding, und (3) dieses Ding ist weise. Wenn alle drei Aussagen (1) – (3) wahr sind, ist ‚Henry ist weise' wahr; wenn entweder (1) oder (3) falsch ist, ist ‚Henry ist weise' falsch. Was hier vor sich geht, ist eine *Analyse* der gegebenen Aussagen auf ihre *logische Form* hin, die in jedem der Fälle durch die Verbindung oder Konjunktion von (1) – (3) dargestellt wird, und damit wird auf eine ziemlich eingängige Weise sichtbar, was wir eigentlich sagen (und damit auch denken), auf eine Weise, die überdies ohne Rückgriff auf subsistierende Gegenstände und ähnliches auskommt.

Russells ‚Theorie der Beschreibung' oder ‚Theorie der Kennzeichnung', wie diese Analyse genannt wird, verdeutlicht etwas, das von größter Wichtigkeit für das Verständnis von Wittgensteins *Tractatus* ist; sie zeigt nämlich, was mit der Rede von einer *logischen Struktur* oder *logischen Form* gemeint ist, die der Alltagssprache zugrunde liegt, deren Untersuchung uns philosophisch bedeutsamen Aufschluß über die Natur der Sprache und des Denkens selbst verspricht. Und wie schon gesagt, setzt sich der *Tractatus* eben eine solche Untersuchung zur Hauptaufgabe. Wittgenstein bewunderte Russells ‚Theorie der Kennzeichnung' sehr. In seiner Frühphase stellte sie für ihn geradezu ein Muster für den Umgang mit philosophischen Problemen dar. Im *Tractatus* sagt er: „Alle Philosophie ist »Sprachkritik«. (…) Russells Verdienst ist es, gezeigt zu haben, daß die scheinbare logische Form des Satzes nicht seine wirkliche sein muß." (T, 4.0031)

In der Idee der logischen Form ist aber noch mehr enthalten, als bisher sichtbar wurde, insbesondere, was die Natur der *Logik* betrifft, in deren Begriffen diese zugrundeliegende Form zu beschreiben ist. Auch dies ist wichtig, ja sogar entscheidend für das Verständnis des *Tractatus*, und deshalb müssen wir uns auch damit kurz beschäftigen.

Als Russell seine Analyse des Satzes ‚der derzeitige König von Frankreich ist weise' vorlegte, um dessen logische Form ans Licht zu bringen, benutzte er nicht die drei oben aufgeführten englischen Sätze (1) – (3), denn das mit dem ursprünglichen Satz einhergehende Risiko einer Irreführung könnte sich in dieser durch die Sätze (1) – (3) dargestellten Analyse wiederholen, da (1) – (3) ihrerseits Sätze der gewöhnlichen Sprache sind. Russell bediente sich statt dessen der Sprache der Logik, die er ihrer Klarheit und Präzision wegen als ‚die vollkommene Sprache' betrachtete. Die Attraktivität dieser Sprache liegt auf der Hand. Wenn man Sätze der Alltagssprache in eine vollkommen klare formale Sprache übersetzen oder sie zumindest in einer solchen Sprache umschreiben kann, die genau und ohne das Risiko von Mißverständnissen offenlegt, was gesagt wird, dann kann man sich die Struktur dessen vergegenwärtigen, was man berechtigterweise über die Welt denkt. Wittgenstein beschrieb das später einmal als Aufdeckung des ‚verborgenen Wesens' des Denkens. Noch größer wird der Reiz eines solchen Projekts, wenn man daran denkt, daß es noch gewisse weitere Züge der ‚vollkommenen Sprache' gibt, die uns Hilfe beim Verständnis der Natur des Denkens versprechen. Neben der ‚logischen Form' gehört dazu die ‚Wahrheitsfunktionalität'. Zur Erklärung dieses Begriffs und weiterer Begriffe müssen wir uns ein wenig auf die Logik selbst einlassen. (Auf den folgenden Seiten finden sich einige Fachausdrücke; die verwendeten Symbole werden später dann nicht mehr erscheinen, wohl aber die mit ihnen verbundenen Ideen; daher ist es wichtig, sie kurz zu erklären.)

Der Beginn der modernen Logik wird in der Regel bei Gottlob Frege angesetzt, dessen Hauptwerke in den letzten Jahrzehnten des 19. Jahrhunderts verfaßt wurden. Bis zu Frege hatte die Logik im wesentlichen den Charakter bewahrt, den ihr Aristoteles verliehen hatte, der vor zweieinhalbtausend Jahren die erste systematische Untersuchung auf diesem Gebiet durchführte. Die Logik galt in der Tat bis weit ins 19. Jahrhundert hinein als abgeschlossene Wissenschaft. Freges Entdeckungen und Neuerungen waren revolutionär;

sie vereinfachten die Logik und stärkten und erweiterten sie zugleich gegenüber der traditionellen Logik. Zu einem wichtigen Teil war dies seiner Erfindung einer Symbolsprache zuzuschreiben, die auf der Arithmetik beruhte und ihm erlaubte, diesen Bereich leichter und besser zu durchdringen, als das bislang möglich gewesen war. Er nannte diese Symbolsprache ,Begriffsschrift' und benutzte sie zur Schaffung einer Gruppe neuer und grundlegender logischer Begriffe, die heute auf diesem Gebiet unersetzlich sind. Wittgensteins Argumentation im *Tractatus* greift zum Teil auf diese Begriffe zurück und entwickelt einige von ihnen eigenständig weiter. Um diese Begriffe zu erklären, verwende ich hier nicht Freges ,Begriffsschrift', sondern eine gebräuchliche Variante der von Russell und seinem Mitarbeiter A. N. Whitehead in den *Principia Mathematica* (1910–12) entwickelten Symbolsprache. Diese Symbolsprache hat gegenüber Freges Pionierleistung so viele Vorteile, daß sie heute die Grundlage der logischen Standardnotationen bildet.

In der Logik geht es vor allem darum, gültige Schlußformen zu identifizieren und zu klassifizieren. Den Begriffen ,Gültigkeit', ,Form' und ,Schluß' kommt eine Schlüsselrolle zu. Man kann sie folgendermaßen erklären. Betrachten wir diese beiden Schlußfolgerungen: (1) ,Entweder Tom hat die Uhr kaputtgemacht, oder Harry war es. Harry hat die Uhr nicht kaputtgemacht. Also war es Tom.' (2) ,Entweder hat es am Dienstag oder am Mittwoch geregnet. Aber am Mittwoch hat es nicht geregnet. Also hat es am Dienstag geregnet.' Jeder dieser beiden Schlüsse hat zwei Prämissen, aus denen, eingeleitet durch das ,also', ein Schluß gezogen wird. Die Prämissen bilden die Grundlagen für den Schluß. Aus Prämissen einen Schluß ziehen heißt, diesen Schluß aus ihnen *ableiten*. Kann ein Schluß gültig aus seinen Prämissen abgeleitet werden, dann sagen wir, daß die Prämissen den Schluß *implizieren* oder daß der Schluß aus den Prämissen *folgt*.

Schon auf den ersten Blick ist erkennbar, daß (1) und (2) die gleiche Struktur oder Form haben; beide sagen ,entweder p oder q; nicht q; also p'. Der Logiker interessiert sich nun für die Frage, ob (unabhängig von den Einzelheiten bezüglich Uhren oder Wetter) Argumente dieser *Form* derart verfaßt sind, daß ihre Schlüsse *immer* aus ihren Prämissen folgen. Genauer gilt sein Interesse der Identifizierung jener Formen von Argumenten, die so angelegt sind, daß ihre Schlüsse garantiert wahr sind, *wenn* ihre Prämissen wahr sind.

Wichtig festzuhalten ist hier, daß sich der Logiker nur für die Form eines Arguments und nicht für die Wahrheit oder Falschheit seiner Prämissen und seines Schlusses interessiert. Sind die Prämissen eines gegebenen gültigen Arguments tatsächlich wahr, dann bezeichnet man ein solches Argument nicht nur als gültig, sondern als *begründet*, was noch einmal etwas anderes ist. Die Unterscheidung zwischen Gültigkeit und Begründetsein ist wichtig, denn viele Argumente können gültig sein bezüglich ihrer Form (‚formal gültig‘), ohne begründet zu sein, d.h. ohne die Wahrheit ihrer Schlüsse zu garantieren. Das ist z.B. der Fall in (3) ‚Entweder der Mond besteht nicht aus grünem Käse, oder er kreist um die Erde. Aber der Mond kreist nicht die Erde. Daher besteht er nicht aus grünem Käse‘. Dieses Argument ist gültig, aber unbegründet, weil seine zweite Prämisse falsch ist. Argumente können noch auf viele andere Weisen gültig, aber unbegründet sein. Daher wird Gültigkeit in Begriffen eines entscheidenden ‚wenn‘ erklärt: Gültigkeit ist die Eigenschaft, die ein Argument hat, wenn seine *Form* so beschaffen ist, daß die Wahrheit des Schlusses garantiert ist, *WENN* seine Prämissen wahr sind.

Da der Logiker in erster Linie an der Gültigkeit und nicht am Begründetsein interessiert ist, braucht er sich keine weiteren Gedanken über Uhren, das Wetter, den Mond oder andere Tatsachen zu machen; er muß nur Überlegungen zur Form oder Struktur von Argumenten anstellen. Damit eröffnet sich die Möglichkeit zu einer sehr nützlichen Vereinfachung; man kann Aussagen durch Symbole darstellen, wie wir es eben schon getan haben, als wir die gemeinsame Form von (1) und (2) (und auch (3)) verdeutlicht haben. Standardmäßig werden zu diesem Zweck die Buchstaben ‚p‘ und ‚q‘ und die Folgebuchstaben des Alphabets benutzt. Die so verwendeten

Buchstaben sind natürlich nicht selbst Aussagen; sie sind *Formeln*, die in dem wörtlichen Sinn ‚für‘ Aussagen ‚stehen‘, daß sie die Stellen im Argument einnehmen, an denen die Aussagen stünden, wenn wir die Sätze in voller Länge ausschrieben, die diese Aussagen ausdrücken.

Im nächsten Schritt sieht man sich dann die Art und Weise an, wie Aussagen zu komplexeren Aussagen kombiniert werden können. In (1) ist die erste Prämisse ‚entweder Tom hat die Uhr kaputt-gemacht, oder Harry war es‘ eine aus zwei einfachen Aussagen bestehende komplexe Aussage; sie besteht aus ‚Tom hat die Uhr kaputtgemacht‘ und ‚Harry hat die Uhr kaputtgemacht‘, verknüpft durch ein ‚oder‘. Die Form ist ‚p oder q‘. Die Gesamtformel ‚p oder q‘ ist natürlich eine *einzige* Formel; sie unterscheidet sich von den ‚atomaren‘ Formeln, nämlich ‚p‘ für sich genommen und ‚q‘ für sich genommen, nur dadurch, daß sie zusammengesetzt ist. Zusammen-gesetzte Formeln können selbst Elemente größerer Zusammenset-zungen sein. Nehmen wir an, wir haben ‚p oder q‘ und eine weitere zusammengesetzte Formel ‚r oder s‘, dann können wir sie mit ‚oder‘ verbinden und erhalten die neue Formel ‚(p oder q) oder (r oder s)‘, wobei die Klammern anschaulich für Klarheit sorgen. Auf diese Weise kann man unendlich fortfahren, immer komplexere Formeln zu bilden.

Neben ‚oder‘ gibt es andere wichtige Verknüpfungen, nämlich ‚und‘ und ‚wenn … dann …‘ Auch diese verbinden atomare Formeln zu zusammengesetzten oder molekularen. Wir können solche For-meln entweder als ‚p und q‘ oder als ‚wenn p, dann q‘ angeben. Zur weiteren Vereinfachung benutzen die Logiker Zeichen für ‚oder‘, ‚und‘ und ‚wenn … dann …‘; so steht ‚v‘ für ‚oder‘ (aus dem lateini-schen *vel* für ‚oder‘), ‚&‘ steht für ‚und‘, und der Pfeil ‚→‘ steht für ‚wenn … dann …‘ Wir schreiben also ‚pvq‘, ‚p & q‘ oder ‚p → q‘.

Entscheidend sowohl für ein Verständnis der Logik wie für die Würdigung von Wittgensteins Frühphilosophie ist, wie die Ver-knüpfungen funktionieren. Die jetzt folgende Darstellung dieser Junktoren oder Verknüpfungen basiert auf ihrer Behandlung in Wittgensteins *Tractatus*. Der Kerngedanke dabei ist, daß die

Wahrheit oder Falschheit (kurz: der ‚Wahrheitswert') einer zusammengesetzten Aussage vollständig von den Wahrheitswerten ihrer konstitutiven atomaren Aussagen abhängt. So hängt z. B. der Wahrheitswert einer durch ‚p & q' symbolisierten Aussage von den Wahrheitswerten der jeweils für sich genommenen Aussagen ‚p' und ‚q' ab. Man sagt hier, daß zusammengesetzte Aussagen *Wahrheitsfunktionen* der atomaren Aussagen sind, aus denen sie bestehen. Eine einfache Tabelle verdeutlicht, was damit gemeint ist. Unter die atomaren Formeln ‚p' und ‚q' schreiben wir alle möglichen Kombinationen von Wahrheitswerten, die sie untereinander haben können. Das sieht dann so aus:

| p | q |
|---|---|
| W | W |
| W | F |
| F | W |
| F | F |

‚W' steht hier für ‚wahr' und ‚F' für ‚falsch'. Als nächstes zeigen wir, unter welchen Bedingungen die zusammengesetzte Formel ‚p & q' wahr ist. Diese behauptet, daß sowohl ‚p' als auch ‚q' wahr ist. Wir fügen also eine Spalte ‚p & q' hinzu, um zu zeigen, daß ‚p & q' nur wahr ist, wenn sowohl ‚p' wie ‚q' je für sich wahr ist:

| p | q | p & q |
|---|---|-------|
| W | W | W |
| W | F | F |
| F | W | F |
| F | F | F |

Eine solche Tabelle wird als ‚Wahrheitstafel' bezeichnet. Sie verbildlicht, wie ‚&' funktioniert. Dasselbe kann man auch für die anderen Junktoren tun. Für ‚pvq', also ‚entweder p oder q oder beide' sieht die Wahrheitstafel folgendermaßen aus:

| p | q | pvq |
|---|---|-----|
| W | W | W |
| W | F | W |
| F | W | W |
| F | F | F |

Damit ist gezeigt, daß ‚pvq' wahr ist, wenn zumindest eines von beiden, ‚p' oder ‚q', wahr ist, falsch dagegen, wenn sowohl ‚p' wie ‚q' falsch ist. Wichtig ist nun, daß der Wahrheitswert der zusammengesetzten Formeln ‚p & q' und ‚pvq' von den Wahrheitswerten ihrer konstitutiven atomaren Formeln bestimmt wird oder eine *Funktion* dieser Wahrheitswerte und ihrer Verknüpfungsweise ist. Entsprechend werden die Verknüpfungen oder Junktoren ‚&', ‚v' und ‚→' *wahrheitsfunktionale Verknüpfungen* oder allgemeiner ‚Wahrheitsfunktoren' genannt.

‚Nicht' ist ein weiteres wichtiges Wort in der Logik; es ist ebenfalls ein Wahrheitsfunktor, auch wenn es keine Verknüpfung ist (‚nicht' verknüpft keine Aussagen oder die ihnen entsprechenden Symbole). Die Logiker symbolisieren ‚nicht' durch das Zeichen ‚-' und schreiben ‚-p' für ‚nicht p'. Die Funktionsweise von ‚-' wird durch folgende einfache Wahrheitstafel beschrieben:

| p | -p |
|---|----|
| W | F |
| F | W |

Wenn ‚p' wahr ist, ist ‚-p' falsch; wenn ‚p' falsch ist, ist ‚-p' wahr. Wenn also eine zusammengesetzte Formel wie ‚pvq' wahr ist, ist ihre Negation, geschrieben ‚-(pvq)', falsch und umgekehrt. Die Klammern zeigen, daß sich das Negationszeichen auf die ganze Formel ‚pvq' bezieht. Würden wir schreiben ‚-pvq', dann würden wir damit etwas ganz anderes sagen, nämlich ‚nicht p, oder q'.

Die Buchstaben und Wahrheitsfunktoren sind die Elemente einer Sprache, die zusammen mit einigen als einfach oder axiomatisch angenommenen Schlußregeln den ‚*Aussagenkalkül*' bilden. Dieser Aussagenkalkül erlaubt den Logikern eine vollständig systematische Erforschung der logischen Beziehungen zwischen ganzen Aussagen. Mit noch einigen weiteren Symbolen und Regeln können die Logiker gewissermaßen ins *Innere* von Aussagen gelangen, um die Natur gültiger Schlüsse zu untersuchen, wo es auf die innere Struktur von Aussagen ankommt. Zu diesen mehr ins einzelne gehenden Zwecken kann z. B. eine Aussage wie ‚der Tisch ist braun‘, die ein Logiker durch ‚p‘ darstellen könnte, wenn er nur ihre Beziehungen zu anderen ganzen Aussagen untersuchen will, durch ‚x ist F‘ symbolisiert werden, oder noch knapper durch ‚Fx‘; dabei ist ‚x‘ eine Individuenvariable (steht für individuelle Dinge) und ‚F‘ ein Prädikatsbuchstabe, der in diesem Fall für ‚ist braun‘ steht. Wir erhalten dann Formeln wie ‚Fx v Gx‘, gesprochen: ‚x ist F oder x ist G‘. Im Auge zu behalten ist dabei, daß der Wahrheitsfunktor ‚v‘ weiterhin gemäß seiner oben gezeigten Wahrheitstafel funktioniert.

Als letzter Schritt werden noch Symbolisierungen für Aussagen wie ‚alle Menschen sind sterblich‘ und ‚einige Menschen sind groß‘ eingeführt. Solche Aussagen enthalten die *Quantoren*ausdrücke ‚alle‘ und ‚einige‘, die anzeigen, wie viele Dinge eine bestimmte Eigenschaft haben, in diesem Fall also, wie viele Menschen sterblich oder groß sind. Die Logiker schreiben ‚(x)‘ für ‚alle x‘ oder ‚jedes x‘; ‚alle Menschen sind sterblich‘ läßt sich dann also in symbolischer Form schreiben als ‚(x)Mx → Sx‘, gesprochen: ‚Für alle x gilt, daß x sterblich ist, wenn x ein Mensch ist‘. Der Quantor ‚einige‘ läßt sich am besten ausdrücken durch ‚mindestens ein‘. Die Logiker schreiben ‚($\exists$ x)‘, um ‚es gibt mindestens ein x‘ oder kürzer ‚es gibt ein x‘ zu symbolisieren. ‚Einige Menschen sind groß‘ wird dann symbolisiert durch ($\exists$ x)(Mx & Gx)‘, gesprochen: ‚Es gibt ein x, das ein Mensch ist, und x ist groß‘. Wenn diese Begriffe dem Aussagenkalkül hinzugefügt werden, wird die daraus resultierende Sprache *Prädikatenkalkül* genannt, eine einfache, aber außerordentlich leistungsfähige Sprache, die Logiker in die Lage versetzt, die Formen gültiger Schlüsse zu erforschen und Philosophen ein Mittel an die Hand gibt, um die Struktur der Sprache und des Denkens zu untersuchen.

Diese Sprache des Prädikatenkalküls nannte Rüssell ‚die vollkommene Sprache'. Im Fall von ‚der derzeitige König von Frankreich ist weise' entwickelte Russell mit ihrer Hilfe eine *vollständige Analyse* des Satzes, d. h. die vollständige Beschreibung seiner logischen Form. Sie lautet:

$$(\exists x)\, ((Kx \,\&\, (y)\, (Ky \rightarrow y = x)) \,\&\, Wx)$$

‚K' steht für ‚König von Frankreich' und ‚W' für ‚weise'. Die gesamte Formel wird folgendermaßen ausgesprochen: ‚Es gibt etwas, genannt x, so daß dieses x König von Frankreich ist; und für alles andere, genannt y, gilt, daß, wenn y König von Frankreich ist, y und x identisch sind [damit ist gezeigt, daß es nur *einen* König von Frankreich gibt]; und x ist weise'. Das mag ein wenig umständlich scheinen, ist es aber gar nicht. Die Hauptsache hierbei ist, daß es in der logischen Formel, in die die Aussage ‚der derzeitige König von Frankreich ist weise' zerlegt wurde, nichts Irreführendes gibt, und wenn sich folglich das Auge erst einmal an die Symbole gewöhnt hat, wird alles ganz klar: Wir wissen jetzt genau, was hier gesagt und damit auch gedacht wird, denn die Analyse bringt die logische Struktur des Satzes deutlich zum Ausdruck. Erinnern wir uns an Wittgensteins Ziel: zu zeigen, daß die Probleme der Philosophie gelöst sein werden, wenn wir begriffen haben, wie unsere Sprache arbeitet. Die Arbeit der Sprache hängt von der ihr zugrundeliegenden logischen Struktur ab, und daher müssen wir uns nach Wittgenstein die Natur dieser zugrundeliegenden logischen Struktur klarmachen. Damit wird deutlich, wie wichtig die Logik für Wittgensteins *Tractatus* ist.

Ein zentraler Begriff unserer Darstellung der Logik ist der Begriff der *Wahrheitsfunktionalität*, der, wie wir gesehen haben, mit Hilfe von Wahrheitstafeln erklärt wird, die zeigen, wie die Wahrheitswerte zusammengesetzter Formeln von den Wahrheitswerten ihrer atomaren Bestandteile und deren Verknüpfungsweisen abhängen. Ein weiteres Beispiel mag diese Idee noch einmal verdeutlichen. Be-

trachten wir die komplexe Formel ‚(pvq) & (rvs)'. Der Wahrheitswert dieser Formel hängt ab von den Wahrheitswerten der je für sich
genommenen Formeln ‚pvq' und ‚rvs', und die Wahrheitswerte dieser Formeln sind ihrerseits abhängig von den Wahrheitswerten ihrer
Teile – d. h. im Fall ‚pvq' von den Wahrheitswerten von ‚p' und ‚q' je
für sich betrachtet, und im Fall ‚rvs' von den Wahrheitswerten der je
für sich betrachteten Bestandteile ‚r' und ‚s'. Die gesamte komplexe
Formel ‚(pvq) & (rvs)' besitzt also einen Wahrheitswert, der aus den
Wahrheitswerten aller einfachen oder atomaren Formeln ‚p', ‚q', ‚r'
und ‚s' besteht, ihren letzten Bestandteilen oder ‚Atomen'; er ist eine
Wahrheitsfunktion dieser Atome und der Art und Weise, wie sie
durch die Junktoren ‚v' und ‚&' verknüpft sind. Dieser Gedanke
spielt im *Tractatus* eine entscheidende Rolle.

## b) Der Gedankengang des *Tractatus*

Vor dem oben skizzierten Hintergrund können wir uns nun Wittgensteins *Tractatus* selbst zuwenden. Vergegenwärtigen wir uns zunächst, wie das Werk strukturiert ist. Wittgensteins Methode, die er
sein ganzes Leben lang beibehielt, bestand in der Niederschrift seiner Gedanken in Form von Thesen und Bemerkungen, die er dann
in eine bestimmte Ordnung brachte. Im *Tractatus* hält er seine Auffassungen in sieben Thesen fest, und der Großteil des Buches besteht
aus Kommentaren und Erweiterungen der ersten sechs Thesen und
aus nachgeordneten Kommentaren und Erweiterungen zu diesen
vorgeordneten Bemerkungen selbst. Um die Struktur seines Gedankengangs möglichst klar zu halten, benutzte Wittgenstein ein System
mit dezimaler Numerierung. Jeder, der mit Geschäftsdokumenten
oder offiziellen Berichten vertraut ist, kann diese Ordnung leicht
erfassen; die Hauptpunkte werden in ganzen Zahlen (1., 2. etc.) numeriert, diesen nachgeordnete Kommentare mit einem Unterpunkt
(1.1, 2.1 etc.), diesen letzteren nachgeordnete Punkte mit zwei Unterpunkten (1.11, 2.11 etc.), und so in der gleichen Ordnung weiter.

Der *Tractatus* besitzt eine recht komplexe Struktur mit Bemerkungen, die mit bis zu fünf Unterpunkten numeriert sind, z. B. 2.02331, aber das Prinzip der Anordnung ist völlig klar und folgerichtig. Der *Tractatus* wird immer durch Angabe der entsprechenden Numerierungszahl zitiert.

Sodann muß man im Auge behalten, daß der *Tractatus*, obgleich er nicht lang ist, doch eine sehr große Anzahl von Themen behandelt. Neben den Hauptargumenten, die die Sprache, die Welt und die Beziehungen zwischen beiden betreffen, befaßt sich der *Tractatus* auch mit folgenden Punkten: die Natur der Logik und der logischen Form; Wahrscheinlichkeit; der Begriff der Zahl; Induktion und Kausalität; der Zweck der Philosophie; Solipsismus; Fragen zu Ethik, Religion und Leben. Die meisten dieser Themen werden sehr kurz behandelt, so daß die Kommentare dazu aphoristisch und dunkel erscheinen. Aber Wittgensteins Ansichten über diese Fragen sind entweder Folgerungen oder logische Ergebnisse seines Hauptargumentes, mit dem all diese Themen eng verbunden sind; erfaßt man also dieses Hauptargument, dann werden alle anderen Aussagen des *Tractatus* ziemlich klar. Wir werden das bald sehen, wenn wir uns einige Punkte des Werkes genauer anschauen.

Ich beginne mit einer zusammenfassenden Darstellung des Hauptgedankens des *Tractatus* und werde später näher auf die wichtigsten Einzelthemen eingehen.

Wittgenstein sagt, daß sowohl die Sprache wie die Welt eine Struktur besitzen. Die Sprache besteht aus Aussagen, und diese wiederum bestehen aus ,elementaren' Sätzen, die ihrerseits Kombinationen von Namen darstellen. Namen sind die letzten Bestandteile der Sprache. Entsprechend besteht die Welt aus der Gesamtheit von Tatsachen, und Tatsachen wiederum bestehen aus ,Sachverhalten', die ihrerseits aus Gegenständen bestehen. Jeder Ebene in der Struktur der Sprache entspricht eine Ebene der Struktur der Welt. Die Gegenstände als letzte Bestandteile der Welt werden durch die Namen als letzte Bestandteile der Sprache bezeichnet; Namen bilden kombiniert Elementarsätze, die Sachverhalten entsprechen; Elementarsätze und Sachverhalte wiederum bilden die Sätze bzw. die Tatsachen, die in einem noch zu erklärenden Sinn von diesen Sätzen ‚abgebildet' werden. Die beiden parallelen Strukturen lassen sich vorläufig und grob so darstellen:

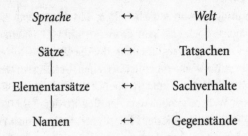

Diese Darstellung ist noch sehr grob, weil aus ihr nicht hervorgeht, wie die vertikalen und horizontalen Beziehungen zwischen den beiden Ebenen funktionieren; aber als vorläufige Skizze ist sie zunächst hilfreich.

Die Entsprechung zwischen Elementarsätzen und Sachverhalten ergibt sich daraus, daß die Namen, aus denen die Elementarsätze bestehen, die Gegenstände bezeichnen, aus denen die ihnen entsprechenden Sachverhalte bestehen. Die *Anordnung* der Namen ist eine logische Spiegelung oder Abbildung der Anordnung von Gegenständen in Sachverhalten. Kraft dieser Abbildungsbeziehung nun haben die aus Elementarsätzen bestehenden Sätze Sinn. Man nennt das die ‚Abbildtheorie der Bedeutung'; sie steht im Mittelpunkt des *Tractatus* und erklärt, wie Sprache und Welt miteinander verknüpft sind und damit auch, wie dem, was wir sagen, Bedeutung zukommt, wenn wir die Sprache richtig gebrauchen. Wir werden dazu gleich noch mehr hören.

Die Elementarsätze sind logisch voneinander unabhängig. Deshalb müssen wir angeben, welche von ihnen wahr und welche falsch sind, um die Wirklichkeit vollständig darzustellen. Das bedeutet zugleich, daß die Wirklichkeit aus allen möglichen – existierenden oder nicht-existierenden – Sachverhalten besteht. Anders gesagt:

Wie alles in der Realität tatsächlich *ist*, hängt davon ab, was der Fall ist und was nicht. Und deshalb müssen wir wissen, welche Elementarsätze wahr und welche falsch sind, denn nur dann können wir angeben, wie die Dinge in Wirklichkeit tatsächlich stehen.

Sätze werden mittels der wahrheitsfunktionalen Verknüpfungen oder Junktoren aus Elementarsätzen gebildet (genauer werden sie mittels einer einzigen wahrheitsfunktionalen Verknüpfung gebildet, mit deren Hilfe alle anderen definiert werden können). Sie sind daher *Wahrheitsfunktionen* von Elementarsätzen. Ihr eigener Wahrheitswert hängt von den Wahrheitswerten der Elementarsätze ab, aus denen sie bestehen, und daher sind Sätze entsprechend der Verteilung der Wahrheitswerte unter diesen Elementarsätzen wahr oder falsch. Es gibt allerdings zwei wichtige Fälle, in denen das nicht so ist: Im einen Fall ist ein Satz *wahr, ganz gleich, welche Wahrheitswerte seine Bestandteile haben*; im zweiten Fall ist ein Satz *falsch, ganz gleich, welche Wahrheitswerte seine Bestandteile haben*. Im ersten Fall ist der Satz eine *Tautologie* und immer wahr, im zweiten ist er ein *Widerspruch* und immer falsch. Die wahren Sätze der Logik sind Tautologien, und das gleiche könnte man von den wahren Sätze der Mathematik sagen. Weder logische noch mathematische Sätze sagen jedoch etwas über die Welt aus, denn da sie immer wahr sind, sind sie mit *jedem* möglichen Zustand der Welt vereinbar (d. h. mit der Existenz oder Nicht-Existenz *jedes* Sachverhalts).

Wenn ein Zeichen oder eine Kette von Zeichen keine Aussage ausdrückt, sind sie Unsinn. Ein solches Zeichen oder eine solche Kette von Zeichen sagen nichts *Falsches*, sie sagen vielmehr *überhaupt nichts*, denn sie bilden nichts von der Welt ab und haben somit keine Verbindung mit der Welt. Wittgenstein schließt „die meisten Sätze der Philosophie" in diese Klasse ein. Daher sagt er am Schluß des *Tractatus*: „Meine Sätze erläutern dadurch, daß sie der, welcher mich versteht, am Ende als unsinnig erkennt, wenn er durch sie – auf ihnen – über sie hinausgestiegen ist. (Er muß sozusagen die Leiter wegwerfen, nachdem er auf ihr hinaufgestiegen ist.)" (T, 6.54; das Bild der wegzuwerfenden Leiter stammt von Schopenhauer). Die

Grenzen dessen, was sinnvoll gesagt (und damit gedacht) werden kann, ergeben sich, wie nun deutlich wird, aus der Struktur sowohl der Sprache wie der Welt und aus der Art und Weise, wie sie über die ‚Abbild'-Beziehung miteinander verknüpft sind. Nur wenn eine solche Verknüpfung zustande kommt, haben unsere Zeichen (die Ausdrücke unserer Sprache) Sinn. Und da die Ethik, die Religion und die ‚Probleme des Lebens' *außerhalb* der Welt liegen, d. h. außerhalb des Bereichs der Tatsachen und der Sachverhalte, aus denen diese Tatsachen bestehen, kann über sie nichts *gesagt* werden. Der Versuch, etwas über sie zu sagen, führt angesichts der Funktionsweise der Sprache zu Unsinn. Wie schon betont, bedeutet das nicht, daß die Ethik und alles andere selbst Unsinn sind. Unsinn ist nur der Versuch, hier etwas zu sagen. Nach Wittgensteins Auffassung *zeigen* sich Dinge von ethischer und religiöser Bedeutung; über sie kann nichts *ausgesagt* werden. Wittgenstein betrachtete das als ganz entscheidenden Punkt, und er machte immer wieder deutlich, daß das letzte Ziel des *Tractatus* darin liegt, mit Hilfe der Argumente zur Sprache (zum Denken) und ihrer Verknüpfungsweisen mit der Welt eben den Status ethischer und religiöser Werte zu enthüllen.

Dieser Überblick über den Gedankengang des *Tractatus* ist sehr stark verdichtet. Um hier größere Klarheit zu erreichen, müssen wir die Hauptpunkte Schritt für Schritt durchgehen und uns dabei einige Details genauer vornehmen, die Wittgensteins Absichten ausführlicher erklären. Zunächst befassen wir uns am besten etwas eingehender mit Wittgensteins Ansichten über die jeweiligen Strukturen von Sprache und Welt; im zweiten Schritt werden wir uns dann bemühen, seine ‚Abbildtheorie' der Verknüpfung von Sprache und Welt zu verstehen.

Wittgensteins Ausführungen über die Struktur von Sprache und Welt sind sehr abstrakt. Wenn er darüber spricht, wie die Welt ist, gibt er keine Beispiele für Tatsachen, Sachverhalte und Gegenstände; ebensowenig gibt er bei der Beschreibung der Struktur der Sprache Beispiele für Sätze, Elementarsätze und Namen. Er tut dies absichtlich nicht. Statt dessen verläßt er sich auf ein undefiniertes und möglicherweise intuitives Begreifen dessen, was ‚Sätze‘ und ‚Tatsachen‘ sind. Deren feinere Strukturen bestimmt er dann am Leitfaden der Frage: Wie *müssen* diese Strukturen aussehen, damit Sprache (was ja offensichtlich so ist) in einer Beziehung zur Welt stehen kann? Für Wittgenstein ist es Aufgabe einer empirischen Untersuchung (insbesondere der Psychologie), der praktischen Frage nach der Verknüpfung von Sprache und Welt in unserer Erfahrung und in unserem Handeln nachzugehen, ebenso wie es Aufgabe der Naturwissenschaften ist, Struktur und Eigenschaften physischer Gegenstände zu beschreiben. Ganz im Gegensatz dazu ist die Aufgabe der Philosophie nach Wittgenstein die ganz und gar begriffliche Aufgabe der Identifizierung der logischen Bedingungen, unter denen es allererst eine Verknüpfung zwischen Welt und Sprache geben kann.

An dieser Stelle ist ein Vergleich mit Russells Position aufschlußreich. Russell geht von einigen der gleichen Grundideen wie Wittgenstein aus (man denke an seine frühere Zusammenarbeit mit Wittgenstein), behält jedoch ausdrücklich empirische Überlegungen im Blick; auch er vertritt die Auffassung, daß die Beziehung zwischen Sprache und Welt von der Tatsache abhängt, daß die einfachsten Elemente beider direkt miteinander verknüpft sind. Aber nach seiner Theorie ist der Mechanismus dieser Verknüpfung ein etwas anderer. Sowohl für Russell wie für Wittgenstein ist die Verbindung von Sprache und Welt eine durch Bezeichnung hergestellte Verknüpfung. Russell hält jedoch die Demonstrativpronomen ‚dieses‘ und ‚das‘ für die ‚Atome‘ der Sprache und die ‚Sinnesdaten‘, d. h. durch unsere fünf Sinne gesammelte Informationsteilchen (wie Farbeindrücke, Tastempfindungen, Geräusche etc.) für die Atome der Welt. Die Verknüpfung wird durch den Gebrauch geschaffen, den wir von den Demonstrativpronomen machen, um uns direkt auf Sinnesdaten zu beziehen. Nach Russells Ansicht sind also Sprache und Welt verknüpft, weil wir auf dieser elementarsten Ebene mit Hilfe der Demonstrativpronomen jene sinnlich aufgenommenen Informationsteilchen „benennen“, die unseren unmittelbaren erfahrungsmäßigen Weltbezug ausmachen. Wittgenstein dachte ursprünglich ganz ähnlich; er hat das selbst in seinen *Tagebüchern* festgehalten. Aber er entschloß sich dennoch, sich strikt auf die *logische* Grundlage dieser Fragen zu konzentrieren, und ließ, anders als Russell, die psychologischen Aspekte beiseite. So kommt es zum abstrakten Charakter des *Tractatus*.

Wittgenstein beginnt sein Werk mit einer Darstellung der Struktur der Welt. Am besten sehen wir uns zunächst an, wie er seine Hauptthesen von hier aus ableitet, bevor wir uns diesen Thesen selbst zuwenden. Aus der obigen Skizze erinnern wir uns, daß die Hauptelemente dieser Struktur *Tatsachen* sind, die aus *Sachverhalten* bestehen, die ihrerseits wieder aus *Gegenständen* bestehen. Wittgenstein drückt das folgendermaßen aus:

1       Die Welt ist alles, was der Fall ist.

1.1    Die Welt ist die Gesamtheit der Tatsachen, nicht der Dinge.

2       Was der Fall ist, die Tatsache, ist das Bestehen von Sachverhalten.

2.01  Der Sachverhalt ist eine Verbindung von Gegenständen (Sachen, Dingen).

2.02  Der Gegenstand ist einfach.

Das ist die grundlegende Struktur. Nachdem er sie formuliert hat, fügt er einige Bemerkungen über die *Natur* der Beziehung zwischen den einzelnen Ebenen hinzu:

2.0271 Der Gegenstand ist das Feste, Bestehende; die Konfiguration ist das Wechselnde, Unbeständige.

2.032  Die Art und Weise, wie die Gegenstände im Sachverhalt zusammenhängen, ist die Struktur des Sachverhaltes.

2.034  Die Struktur der Tatsache besteht aus den Strukturen der Sachverhalte.

2.04    Die Gesamtheit der bestehenden Sachverhalte ist die Welt.

2.05 Die Gesamtheit der bestehenden Sachverhalte bestimmt auch, welche Sachverhalte nicht bestehen.

2.06 Das Bestehen und Nichtbestehen von Sachverhalten ist die Wirklichkeit.

Jede einzelne dieser Thesen ist bedeutungsschwer und verlangt Erklärung. Die erste (These 1) behauptet, die Welt sei alles, was *ist*. Wie wir gleich sehen werden, führt Wittgenstein weiter aus, daß die Welt durch Sätze dargestellt wird und daß diese Sätze wahr oder falsch sind, je nachdem, ob sie oder ob sie nicht darstellen, was der Fall ist; daraus folgt dann, daß die Welt alles ist, was durch die Gesamtheit wahrer Sätze dargestellt wird. Diese Annahme ist grundlegend für Wittgensteins Behauptungen über das, was berechtigterweise gesagt werden kann und folglich für das, was nicht gesagt, sondern nur gezeigt werden kann. Das Ziel des *Tractatus* liegt darin, in diesen Fragen zu einer Lösung zu kommen; Wittgensteins zentrale Anliegen sind daher von Anfang an präsent.

Die weiteren, folgenden Thesen betreffen die Struktur der Welt selbst. These 1.1 besagt, daß die Welt nicht die Summe von *Dingen* ist, die in ihr existieren; sie ist keine Sammlung von Gegenständen wie etwa Steinen, Teetassen, subatomaren Partikeln oder was immer in den empirischen Wissenschaften ,Gegenstände' sind, sondern vielmehr die Gesamtheit der *Tatsachen*. Als Beispiele für solche ,Tatsachen' können wir uns etwa folgende vorstellen: die Tatsache, daß ich diese Worte zu einem bestimmten Zeitpunkt an einem bestimmten Ort schreibe, daß der Everest der höchste Berg dieses Planeten ist, daß unser Sonnensystem sich in einer Spiralgalaxie befindet usw. Wittgenstein selbst gibt keine solchen Beispiele, sondern schreitet direkt zu einer abstrakten Spezifizierung der Tatsachen als „Bestehen von Sachverhalten" fort. Der Begriff ,Sachverhalte' läßt sich kaum anders als intuitiv erklären. Zum Zweck der Veranschaulichung könnten wir etwa sagen: Ich sitze hier an meinem Schreibtisch, mit einem Stift in der Hand, und zwar in Oxford, im Frühling usw., und all das gehört zu den Sachverhalten – zu dem,

‚wie die Dinge sind‘, zu den existierenden Situationen –, die zusammen die Tatsache ausmachen, daß ich diese Worte zu einer bestimmten Zeit an einem bestimmten Ort schreibe. Um es noch einmal zu sagen: Wittgenstein vermeidet ausdrücklich, solche Beispiele zu geben. Er definiert den Sachverhalt in streng abstrakter Weise als *eine Verbindung von Gegenständen*, was heißen soll, daß ein Sachverhalt so beschaffen ist, daß man ihn auseinandernehmen (‚analysieren‘), in seine Bestandteile zerlegen kann. Die Bestandteile gemeinsam mit ihren Anordnungen sind die letzten Bausteine der Sachverhalte. Diese Bausteine sind *Gegenstände*, und Gegenstände sind ‚einfach‘ in dem Sinn, daß sie nicht zusammengesetzt sind, d.h. keine Struktur besitzen. Sie können daher nicht zerlegt oder analysiert werden, so daß man etwas noch Grundlegenderes als sie selbst erhielte. Sie bilden die einfachen Elemente, aus denen die Welt besteht. Wittgenstein sagt überdies, daß es für die Gegenstände *wesentlich* ist, mögliche Bestandteile von Sachverhalten zu sein; der Gedanke eines Gegenstandes, der außerhalb jeder möglichen Verbindung von Gegenständen (außerhalb jedes Sachverhalts) existieren könnte, ist ein leerer Gedanke. Weil sich das so verhält, würden wir alle möglichen Sachverhalte kennen, wenn wir über ein vollständiges Inventar aller Gegenstände verfügten, die es gibt, denn Wissen über einen gegebenen Gegenstand bedeutet auch wissen, zu welchen Verbindungen dieser Gegenstand seiner wesentlichen Natur nach gehört – und das wiederum bedeutet nichts anderes als zu wissen, welche Sachverhalte möglich sind.

Daß sie ‚einfach‘ sind, bedeutet, daß Gegenstände sich nicht verändern. Nur ihre Verbindungen und Anordnungen verändern sich. Befinden sich aber Gegenstände in einer Verbindung und machen so einen Sachverhalt aus, dann hat ihre Anordnung nichts Unbestimmtes: Jede solche Verbindung hat einen *bestimmten* Charakter. Diese Bestimmtheit der Anordnung ist die *Struktur* eines Sachverhalts. Ebenso ist die Struktur von Tatsachen durch die Struktur der sie konstituierenden Sachverhalte bestimmt. Die vollständige Analyse einer Tatsache endet also bei der Spezifizierung einer bestimmten

Verbindung von Gegenständen. Und das bedeutet, daß es für jede Tatsache nur eine einzige korrekte Analyse gibt, denn jede Tatsache besteht letztlich in einer besonderen und bestimmten Verbindung der Mitglieder einer besonderen und bestimmten Menge von Gegenständen.

Die beiden letzten oben zitierten Thesen (2.05 und 2.06) enthalten eine weitere wichtige Überlegung: Die bestehenden Sachverhalte bestimmen, welche Sachverhalte *nicht* existieren. Ich halte z. B. einen Stift in der Hand; damit ist derjenige Sachverhalt ausgeschlossen, der darin besteht, daß ich keinen Stift in der Hand halte. Auf diese Weise wird dadurch, *wie die Dinge sind*, festgelegt, *wie sie nicht sind*; damit ist die Wirklichkeit als ganze die Gesamtheit bestehender Sachverhalte zusammen mit allem, was durch ihre Existenz als nicht-bestehend ausgeschlossen wird.

Wittgensteins Darstellung der Struktur der Welt ist beinahe so kurz, wie sie abstrakt ist; sie nimmt nicht mehr als die ersten fünf Seiten des *Tractatus* ein. Unmittelbar nach dieser Darstellung wendet sich Wittgenstein der Theorie des ‚Bildes‘ und der Sprache zu. Deren Verständlichkeit hängt jedoch entscheidend von den Ausführungen zur Struktur der Welt ab, weshalb der *Tractatus* genau damit beginnt. Wie wir jetzt sehen werden, hängen die Ausführungen über die Struktur der *Sprache* von der vorangehenden Darstellung ab, mit deren Hilfe Natur und Rolle der verschiedenen Ebenen der Sprache selbst erklärt werden.

Wir wollen uns zunächst noch einmal Wittgensteins Hauptthesen über die Struktur ‚*Sätze – Elementarsätze – Namen*‘ vergegenwärtigen. Zwei Dinge sollte man hier im Auge behalten: erstens die obige Darstellung der Struktur der Welt und zweitens die noch genauer zu erklärende These, daß die Sprache mit der Welt über eine ‚Abbild‘-Beziehung verknüpft ist. Ein Punkt dieser Theorie muß aber schon an dieser Stelle vorweggenommen werden: Wenn man über etwas in der Welt, über eine Tatsache, *nachdenkt*, dann ist nach Wittgenstein der Gedanke ein *logisches Bild* dieser Tatsache, und weil Sätze *Ausdrücke von Gedanken* sind, sind sie selbst Bilder von Tatsachen. Deutlich formuliert wird das in den folgenden Thesen zur Struktur der Sprache:

3      Das logische Bild der Tatsachen ist der Gedanke.

3.1    Im Satz drückt sich der Gedanke sinnlich wahrnehmbar aus.

3.2    Im Satze kann der Gedanke so ausgedrückt sein, daß den Gegenständen des Gedankens Elemente des Satzzeichens entsprechen.

3.201  Diese Elemente nenne ich »einfache Zeichen« und den Satz »vollständig analysiert«.

3.25   Es gibt eine und nur eine vollständige Analyse des Satzes.

3.203  Der Name bedeutet den Gegenstand. Der Gegenstand ist seine Bedeutung.

3.22   Der Name vertritt im Satz den Gegenstand.

3.26   Der Name ist durch keine Definition weiter zu zergliedern: er ist ein Urzeichen.

Bemerkung 3.25 entspricht der oben erörterten These, daß jede Tatsache eine besondere und bestimmte Struktur hat, so daß eine Analyse dieser Tatsache – die dasselbe ist wie eine Analyse des ihr korrespondierenden Satzes – zur Beschreibung einer besonderen und bestimmten Verbindung von Gegenständen führt. Die Gegenstände werden durch die Namen, die ‚einfachen Zeichen‘, bezeichnet, die die ‚Elemente‘ (die letzten Bausteine) von Sätzen sind. Die letzten drei der obigen Bemerkungen machen das klar. Wittgenstein fährt fort:

4.001  Die Gesamtheit der Sätze ist die Sprache.

4.11   Die Gesamtheit der wahren Sätze ist die gesamte Naturwissenschaft…

Diese beiden Thesen sind direkte Folgen dessen, was Wittgenstein über die jeweiligen Strukturen von Sprache und Welt und über die

Art ihrer Verknüpfung in einer Abbildbeziehung sagt. In ihnen liegt der Kern seiner Behauptung begründet, daß nur über *Tatsächliches* gesprochen werden kann. An späterer Stelle wird das so ausgedrückt, daß sich nichts sagen läßt außer „Sätze der Naturwissenschaft" (T, 6.53). Daraus folgt nun unmittelbar, daß wir über das nichts sagen können, was aus dem Bereich der Tatsachen herausfällt, wie sie von den Wissenschaften beschrieben werden, nämlich nichts über Fragen des *Wertes*, d. h. über ethische und religiöse Fragen. Die beiden zitierten Thesen 4.001 und 4.11 sind deshalb zentral. Es ist charakteristisch für den äußerst sorgfältig angeordneten und verdichteten Gedankengang des *Tractatus*, daß diese Thesen noch vor Abschluß des ganzen Gedankengangs eingeführt werden. Sie erscheinen auch nicht zusammen, wie ich sie hier zitiert habe; ihre Numerierung zeigt, daß sie durch die Erörterung mehrerer wichtiger Zwischenfragen getrennt sind, zu denen auch folgende gehören:

4.01 Der Satz ist ein Bild der Wirklichkeit.

4.022 Der Satz *zeigt* seinen Sinn.

Der Satz *zeigt*, wie es sich verhält, *wenn* er wahr ist. Und er *sagt*, *daß* es sich so verhält.

4.023 Die Wirklichkeit muß durch den Satz auf ja oder nein fixiert sein.

Dazu muß sie durch ihn vollständig beschrieben werden.

Die Abbildtheorie der Beziehung von Sprache und Welt ist nicht zu trennen von Wittgensteins Erklärung des Satzes. In Punkt 4.01 wird ausdrücklich behauptet, daß Sätze Bilder sind. Wir werden uns gleich fragen, wie diese Bildbeziehung zu verstehen ist. Für Wittgensteins Auffassung von Sätzen als Bildern der Wirklichkeit ist von entscheidender Wichtigkeit, daß Sätze in ihrem Wahrheitswert *bestimmt* sind; sie sind entweder wahr oder falsch, und welches von beiden sie sind, hängt davon ab, ob sie den Tatsachen entsprechen oder nicht. Eine teilweise oder unscharfe Entsprechung zwischen Sätzen und Tatsachen kann es nicht geben, es gibt nur die Alternativen ‚ja‘ oder ‚nein‘: Entweder ein Satz ist Bild einer Tatsache, oder er ist es nicht. Und das muß, sagt Wittgenstein noch einmal, wegen der *Struktur* von Sätzen so sein, die Wahrheitsfunktionen von Elementarsätzen sind, die ihrerseits Strukturen von Namen sind:

5      Der Satz ist eine Wahrheitsfunktion der Elementarsätze.

4.21   Der einfachste Satz, der Elementarsatz, behauptet das Bestehen eines Sachverhaltes.

4.25   Ist der Elementarsatz wahr, so besteht der Sachverhalt; ist der Elementarsatz falsch, so besteht der Sachverhalt nicht.

4.22   Der Elementarsatz besteht aus Namen. Er ist ein Zusammenhang, eine Verkettung, von Namen.

4.24   Die Namen sind die einfachen Symbole...

Stellt man diese Thesen denen über die Welt zur Seite, wird Wittgensteins Konzeption beider ziemlich klar. Betrachtet man die parallelen Strukturen von der Basis aufwärts, so sind ihre Beziehungen folgende: Namen bezeichnen Gegenstände, und wie die Gegenstände sind sie einfach und unanalysierbar; Elementarsätze sind ‚Verkettungen von Namen‘ und behaupten das Bestehen von Sachverhalten, die Verkettungen von Gegenständen sind; Sätze schließlich – die wahrnehmbaren Ausdrücke von Gedanken (wahrnehmbar, weil man die ‚Satzzeichen‘ lesen oder hören kann, mit denen sie ausgedrückt werden) – sind Wahrheitsfunktionen von Elementarsätzen. Diese Darstellung ist völlig formal. Wie gesagt, gibt Wittgenstein keine Beispiele für Namen und Elementarsätze oder für das, was ihnen in der Welt entspricht; er sagt nur: Damit es eine Verbindung zwischen Sprache und Welt *geben* kann, ist es notwendig, daß die Strukturen beider so sein *müssen*, was auch immer faktisch die Rolle der Namen, der Gegenstände und alles anderen spielt.

Die streng formale Natur der Darstellung und die Abwesenheit von Beispielen mag irritieren, aber man muß sich ins Gedächtnis rufen, daß Wittgenstein ausschließlich am *logischen* Charakter interessiert ist, den Sprache und Welt besitzen müssen, damit Verknüpfungen zwischen ihnen möglich sind. Denken wir an das Interesse des Logikers an der Entdeckung der Natur gültiger Schlußformen, wie wir es oben kennengelernt haben: Es ist nicht nötig, sich dabei mit besonderen Aussagen abzugeben, die durch verschiedenste Sätze der natürlichen Sprachen ausgedrückt werden, in denen es um besondere Dinge wie Uhren, den Mond oder sonst etwas geht; hier geht es nur um die *Form* des Schlusses, der mit Hilfe von Symbolen (‚p', ‚q', ‚&', ‚v' usw.) formuliert wird, und es geht darum, diese Form ans Licht zu bringen. Nichts anderes tut Wittgenstein im *Tractatus*. Für seine Zwecke genügt es vollkommen, etwa zu sagen: Der Satz ‚p & q' ist eine Wahrheitsfunktion der Elementarsätze ‚p' und ‚q'; ‚p' ist eine Verkettung der Namen ‚w' und ‚x', ‚q' ist eine Verkettung der Namen ‚y' und ‚z'; und jede dieser Strukturebenen spiegelt eine entsprechende Strukturebene in der Welt. (Wittgenstein sagt das im *Tractatus* nicht ganz so, aber uns können diese Formulierungen hier zur Veranschaulichung dienen; vgl. T, 4.24). Auf diese Art ist Wittgensteins Darstellung eine vollständig *formale* oder *strukturelle*. Hier wird auch verständlich, weshalb Wittgenstein, anders als Russell, psychologische Fragen (Fragen nach dem, was Gegenstände sind, und wie wir dazu kommen, sie mit Namen, den einfachen Elementen der Sprache, zu bezeichnen) für seine Absichten als nicht relevant betrachtete.

Nachdem die parallelen Strukturen von Sprache und Welt beschrieben sind, können wir uns der entscheidenden Frage der ‚Abbild'-Beziehung zuwenden, die nach Wittgenstein zwischen beiden besteht. Hier liegt der Schlüssel zum bisherigen Gedankengang, und nun veranschaulicht Wittgenstein auch mit einer Fülle von Beispielen, was er sagen will.

In seinen *Tagebüchern* berichtet Wittgenstein, daß ihm der Gedanke der Bildtheorie bei der Lektüre eines Zeitungsberichtes kam, in dem beschrieben wurde, wie in einem Pariser Gerichtssaal Spielzeugautos und Puppen verwendet wurden, um den Hergang eines damals noch sehr seltenen Zwischenfalls, nämlich eines Autounfalls, zu verdeutlichen. Die Modelle bildeten die Wirklichkeit ab, indem sie in genau der gleichen Weise angeordnet wurden, wie die wirklichen Personen und Fahrzeuge zur Zeit des Unfalls verteilt waren. Daraus ergibt sich eine Frage: Was bedeutet es, wenn etwas das Bild für etwas anderes ist? Was macht aus der Miniaturszene im Gerichtssaal ein *Bild* der Wirklichkeit? Wittgenstein macht sich nun daran, eine Antwort auf diese Frage zu geben.

2.12 Das Bild ist ein Modell der Wirklichkeit.

2.131 Die Elemente des Bildes vertreten im Bild die Gegenstände.

2.14 Das Bild besteht darin, daß sich seine Elemente in bestimmter Art und Weise zu einander verhalten.

2.15 Daß sich die Elemente des Bildes in bestimmter Art und Weise zu einander verhalten, stellt vor, daß sich die Sachen so zu einander verhalten.

So weit, so gut. Wittgenstein sagt dann, die Möglichkeit, daß Dinge der Wirklichkeit durch Bilder dargestellt werden können – d. h., daß ihre Anordnung durch die Anordnung der Elemente eines Bildes veranschaulicht werden kann –, beruhe auf der Tatsache, daß Bilder mit der Wirklichkeit, die sie abbilden, etwas gemein haben; und was sie gemein haben, ist natürlich ihre *Struktur*. Nehmen wir einen eindeutigen Fall: Sie malen das Stilleben eines Hutes, der auf einem Stuhl links von einem Paar Schuhe liegt. Wenn ihr Bild diese Ansammlung von Gegenständen genau so abbilden soll, wie Sie sie vor sich sehen, dann muß die Struktur dieses Bildes der Struktur der Anordnung der Gegenstände entsprechen; der Hut muß auf dem Bild links von den Schuhen gemalt werden. Diese gemeinsame Struktur nennt Wittgenstein die *Form der Abbildung*:

2.151 Die Form der Abbildung ist die Möglichkeit, daß sich die Dinge so zu einander verhalten, wie die Elemente des Bildes.

2.161 In Bild und Abgebildetem muß etwas identisch sein, damit das eine überhaupt ein Bild des anderen sein kann.

2.17 Was das Bild mit der Wirklichkeit gemein haben muß, um sie auf seine Art und Weise – richtig oder falsch – abbilden zu können, ist seine Form der Abbildung.

Die Form der Abbildung, verstanden als Möglichkeit der Struktur-identität zwischen einem Bild und dem, was es abbildet, macht daher allererst die Abbildbeziehung möglich. Aber es gibt hier noch einen weiteren Punkt: Die von Bild und Wirklichkeit geteilte Struktur ist eine Struktur von Elementen – der Elemente des Bildes und der Elemente der abgebildeten Wirklichkeit. Die *Verknüpfung* zwischen einem bestimmten Bild und der Wirklichkeit ist eine Verknüpfung zwischen ihren jeweiligen Elementen:

2.1514 Die abbildende Beziehung besteht aus den Zuordnungen der Elemente des Bildes und der Sachen.

2.1515 Diese Zuordnungen sind gleichsam die Fühler der Bild-elemente, mit denen das Bild die Wirklichkeit berührt.

2.1511 Das Bild ist *so* mit der Wirklichkeit verknüpft; es reicht bis zu ihr.

2.1512 Es ist wie ein Maßstab an die Wirklichkeit angelegt.

Alle diese Thesen stellen eine Antwort auf die Frage dar, was eigentlich ein Bild ausmacht. Der Übergang zu der entscheidenden These, nach der *Sätze* Bilder sind, erfolgt in zwei Schritten. Zunächst sagt Wittgenstein, daß jedes Bild ein *logisches* Bild ist (T, 2.182). Man kann sich das so verdeutlichen: Bilder sind nicht alle von der gleichen Art, z.B. sind nicht alle Bilder räumlich, und in einem einfarbigen Bild können Gegenstände nicht mit Hilfe von Farben als farbig dargestellt werden etc.; aber *jedes* Bild hat eine Form der Abbildung, d.h. die wesentliche Möglichkeit, eine gemeinsame Struktur mit dem zu teilen, was es abbildet. Nur wenn etwas dieser Minimalforderung entspricht, kann es ein Bild sein. Es geht hier also um die *logische* Bedingung des Bildes. Die Bedingung dafür, daß etwas Bild sein kann, ist eine logische Bedingung, denn in ihr geht es ausschließlich um die Form oder Struktur, die Bild und Abgebildetes teilen müssen, damit von einer Abbildbeziehung überhaupt die Rede sein kann. Die Form der Abbildung, sagt Wittgenstein daher, *ist* die logische Form (T, 2.181 und 2.182). Und das heißt, daß alles, was eine logische Form besitzt, ein Bild ist.

Wittgensteins zweiter Schritt betrifft Wahrheit und Falschheit. Er sagt: „Das Bild stimmt mit der Wirklichkeit überein oder nicht; es ist richtig oder unrichtig, wahr oder falsch." (T, 2.21) Es geht hier um etwas Anschauliches. Wenn ein Bild zeigt, wie die Dinge in Wirklichkeit sind, dann ‚stimmt' es mit dieser Wirklichkeit ‚überein', und wir bezeichnen es daher als richtige Abbildung. Ist das fragliche Bild ein Gedanke oder ein Satz, nennen wir seine Übereinstimmung mit der Wirklichkeit ‚Wahrheit' und das Gegenteil ‚Falschheit'. Die Trennung zwischen ‚Übereinstimmung' und ‚Nichtübereinstimmung' ist absolut; wir erinnern uns an Wittgensteins Diktum, daß es hier nur ein Ja oder Nein gibt (T, 4.023).

Damit ist der Boden für die Abbildtheorie des Satzes selbst vorbereitet. Die schon zitierte These 4.01 behauptet: „Der Satz ist ein Bild der Wirklichkeit." Die beiden wichtigsten Schritte, die Wittgenstein zu dieser These führen, wurden ebenfalls schon zitiert: „Das logische Bild der Tatsachen ist der Gedanke." (T, 3) Und: „Im Satz drückt sich der Gedanke … aus." (T, 3.1) Nun erklärt Wittgenstein, was These 4.01 besagen soll.

Zunächst, sagt er, scheinen Sätze überhaupt keine Bilder zu sein, aber ganz ebenso scheint auch die Notenschrift auf den ersten Blick kein Bild der Musik zu sein, und das Alphabet scheint kein Bild der Sprache zu sein: „Und doch erweisen sich diese Zeichensprachen auch im gewöhnlichen Sinne als Bilder dessen, was sie darstellen." (T, 4.011) Besonders gut läßt sich Wittgensteins Gedanke an der musikalischen Analogie verdeutlichen:

4.014 Die Grammophonplatte, der musikalische Gedanke, die Notenschrift, die Schallwellen, stehen alle in jener abbildenden internen Beziehung zueinander, die zwischen Sprache und Welt besteht.

Ihnen allen ist der logische Bau gemeinsam.

Man kann das daran sehen, daß es Regeln gibt, die dem Musiker die Übertragung der Notenschrift in Fingerbewegungen auf der Tastatur ermöglichen, die dann durch den Mechanismus des Klaviers in Töne verwandelt werden. Ganz ähnlich entspricht die Struktur der Rillen auf einer Schallplatte den Tönen, die beim Abspielen der Platte entstehen; und jemand, der entsprechend ausgebildet wäre, könnte sich die Platte anhören und die Musik in Notenschrift rückübersetzen. Die Rillen, die Töne und die Notenschrift haben dieselbe logische Form. Zwischen ihnen besteht eine *wesensmäßige* Verbindung, und diese Verbindung ist ihre gemeinsame logische Form. Wittgenstein sagt nun: Ganz ebenso, wie eine Partitur die Töne abbildet, die man hört, wenn sie gespielt wird, ist ein Satz kraft derselben inneren Beziehung der gemeinsamen logischen Form ein Bild der Wirklichkeit.

4.021  Der Satz ist ein Bild der Wirklichkeit: Denn ich kenne die von ihm dargestellte Sachlage, wenn ich den Satz verstehe.

4.03  Der Satz teilt uns eine Sachlage mit, also muß er *wesentlich* mit der Sachlage zusammenhängen.

Und der Zusammenhang ist eben, daß er ihr logisches Bild ist.

Das erklärt, was Wittgenstein mit der schon zitierten Äußerung sagen wollte: „Der Satz *zeigt* seinen Sinn." (T, 4.022) In unserer Alltagssprache würden wir diesen Begriff des Sinns als das erklären, was der Satz ‚bedeutet‘. Der Sinn (die Bedeutung) eines Satzes ist die Tatsache, daß er abbildet:

4.031  Man kann geradezu sagen: statt, dieser Satz hat diesen und diesen Sinn; dieser Satz stellt diese und diese Sachlage dar.

Was hier mit ‚darstellen' gemeint ist, ist ganz eindeutig. Wittgenstein hatte schon vorher über Bilder gesprochen, die die Wirklichkeit *darstellen*, und gesagt: „Was das Bild darstellt, ist sein Sinn." (T, 2.221) Der Sinn eines Satzes ist also die wirkliche Sachlage, er abbildet.

Im letzten Schritt dieser Argumentation versucht Wittgenstein, seine Thesen über die Struktur der Sprache, über die Struktur der Welt und über das Bild zusammenzufügen:

4.0311  Ein Name steht für ein Ding, ein anderer für ein anderes Ding und untereinander sind sie verbunden, so stellt das Ganze – wie ein lebendes Bild – den Sachverhalt vor.

4.0312  Die Möglichkeit des Satzes beruht auf dem Prinzip der Vertretung von Gegenständen durch Zeichen.

Die Bedeutung dieser Bemerkungen ist jetzt ganz klar: Hier geht es um die Verbindung zwischen den ‚Elementen' (Namen und Gegenstände), auf der die Abbildbeziehung letztlich beruht.

Auf diesem zentralen Gedanken des *Tractatus* basieren die Thesen, um die es Wittgenstein letzten Endes geht. Wir erinnern uns, wie sie lauten: Die einzigen sinnvollen Sätze (und damit Gedanken) sind jene, die Bilder der Wirklichkeit sind, d. h. Bilder dessen, wie die Dinge in der Welt sind; und das wiederum heißt, daß die einzig sinnvolle Rede die *Rede über Tatsachen* ist (die „Sätze der Naturwissenschaft"). Nach Wittgensteins Theorie muß das so sein, denn wenn Sätze Sinn (umgangssprachlich: Bedeutung) nur haben, sofern sie Bilder der Wirklichkeit sind, und wenn Wirklichkeit die Summe der Tatsachen ist, d. h. der bestehenden Sachverhalte (die auch bestimmen, was *nicht* der Fall ist, so daß die Wirklichkeit vollständig und bestimmt ist), dann sind Versuche, über das zu sprechen und nachzudenken, was nicht in den Bereich der Tatsachen gehört, buchstäblich *sinnlos*, weil solche Gedanken und Reden nichts abbilden. Es gibt gar nichts, was sie abbilden könnten. Die wichtigste Konsequenz daraus lautet, noch einmal, daß über Ethik, Religion und die

Probleme des Lebens nichts gesagt werden kann. Bevor wir jedoch diese Konsequenz etwas näher untersuchen, müssen wir uns eine weitere Konsequenz vergegenwärtigen, nämlich die Lage, in die Wittgensteins Theorie die Logik und Philosophie bringt.

Das Problem ist folgendes: Weil nur die Rede über Tatsachen Sinn hat, die Sätze der Philosophie und der Logik aber keine Tatsachenaussagen sind, so folgt daraus, daß die philosophischen und logischen Sätze, in die Wittgenstein seine Theorie faßt, selber sinnlos sind. Seine Theorie erscheint daher paradox. Aber Wittgenstein ist sich dessen durchaus bewußt und reagiert mit einer Erklärung darüber, was Philosophie ist und welchen Status die Logik hat. Zur Philosophie sagt er:

4.111 Die Philosophie ist keine der Naturwissenschaften.

4.112 Der Zweck der Philosophie ist die logische Klärung der Gedanken.

(...) Ein philosophisches Werk besteht wesentlich aus Erläuterungen.

Das Resultat der Philosophie sind nicht »philosophische Sätze«, sondern das Klarwerden von Sätzen.

Die Philosophie soll die Gedanken, die sonst, gleichsam, trübe und verschwommen sind, klar machen und scharf abgrenzen.

4.114 Sie soll das Denkbare abgrenzen und damit das Undenkbare.

4.115 Sie wird das Unsagbare bedeuten, indem sie das Sagbare klar darstellt.

Wittgenstein schreibt der Philosophie damit die Aufgabe der ‚Erläuterung‘ zu, der Klärung unserer Gedanken und unserer Rede. Genau dies ist auch das Ziel des *Tractatus*; die beiden zuletzt zitierten Thesen könnten sich ebenso auf den *Tractatus* selbst wie auf die Philosophie beziehen. Unter 4.114 fügt Wittgenstein hinzu: „[Die Philosophie] soll das Undenkbare von innen durch das Denkbare begrenzen." Nach Wittgensteins Auffassung führt dieser Erläuterungs- oder Klärungsprozeß ‚von innen her' an einen Punkt, von dem aus man die Grenzen der sinnvollen Rede überblicken und den Weg erkennen kann, der zu diesem Punkt geführt hat:

> 6.54 Meine Sätze erläutern dadurch, daß sie der, welcher mich versteht, am Ende als unsinnig erkennt, wenn er durch sie – auf ihnen – über sie hinausgestiegen ist. (Er muß sozusagen die Leiter wegwerfen, nachdem er auf ihr hinaufgestiegen ist.)
> Er muß diese Sätze überwinden, dann sieht er die Welt richtig.

Die Logik befindet sich in einer anderen Lage. Wir erinnern uns, daß die Wahrheitswerte gewöhnlicher Sätze von den Wahrheitswerten ihrer Elementarsätze abhängen, wie die Wahrheitstafeln im vorangegangenen Abschnitt verdeutlichen sollten. Sätze sind also manchmal wahr und manchmal falsch, je nachdem, wie die Dinge in der Welt stehen. Aber die wahren Sätze der Logik sind *immer* wahr, ganz gleich, wie die Wahrheitswerte ihrer Bestandteile verteilt sind; und logisch falsche Sätze sind *immer* falsch, ganz unabhängig von den Wahrheitswerten ihrer Bestandteile. Die ersteren sind *Tautologien*, die letzteren Kontradiktionen (Widersprüche) (T, 4.46). Die Wahrheitswerte logischer Sätze sind damit unabhängig von den Dingen der Wirklichkeit, sie „sagen also nichts" (T, 6.11).

Daraus folgt nicht, daß die Logik leer ist. Im Gegenteil kommt ihr als Werkzeug bei der Beschreibung der grundlegenden Strukturen von Welt und Sprache eine wichtige Rolle zu. Wittgenstein formuliert das so: „Die logischen Sätze beschreiben das Gerüst der Welt", und sie tun dies, indem sie zeigen, *was der Fall sein muß*, damit Sprache Sinn hat (T, 6.124). Die Logik setzt nur voraus, daß Namen Gegenstände bezeichnen und daß Sätze Sinn haben (ebd.). Ansonsten hat „die Logik nichts mit der Frage zu schaffen…, ob unsere Welt wirklich so ist oder nicht." (T, 6.1233) Die Logik zeigt nur vollständig allgemein und formal, welches die Strukturen von Welt und

Sprache sein müssen, damit sie miteinander verbunden sein können; aber das ist ganz entscheidend, denn damit zeigt die Logik, welches die Grenzen der sinnvollen Rede sind.

Wir haben gesehen, daß diese Grenzen nur Reden über Tatsachen einschließen und daß alles, was mit Wert oder Religion zu tun hat, außerhalb dieser Grenzen liegt. Entsprechend kann über diese Dinge nichts *gesagt* werden. Aber sie sind doch die eigentlich wichtigen Dinge, das ‚Höhere‘, wie Wittgenstein sagt (T, 6.42). Sowohl im *Tractatus* selbst wie in Briefen betont Wittgenstein wiederholt, daß es in seinem Werk letzten Endes um eben diese Dinge geht – auch wenn sich das im *Tractatus* durch das (beinahe) vollständige *Schweigen* über sie zeigt. Um das zu verstehen, muß man sich vergegenwärtigen, was Wittgenstein in Verbindung mit seinem Hauptargument und seiner Auffassung der Philosophie als ‚Erläuterung‘ unterstreicht: daß man Sprache nicht angemessen gebrauchen kann, um über Sprache zu sprechen. Man kann nicht eigentlich *sagen*, daß Sätze eine gewisse Struktur haben, deren Elemente durch eine Abbildbeziehung mit Elementen der Welt verknüpft sind. Natürlich geht es im *Tractatus* auf weiten Strecken um nichts anderes, aber die Sätze dieses Werkes, die philosophisch und damit erläuternd sind, sind, wie wir gerade gesehen haben, Schritte auf einer wegzuwerfenden Leiter. Strenggenommen *zeigen* sich die logischen Strukturen der Sprache, der Welt und ihrer Verknüpfung, oder sie *manifestieren* sich, wenn man sie richtig sieht. Wittgenstein drückt das so aus: „Der Satz kann die logische Form nicht darstellen, sie spiegelt sich in ihm. Was sich in der Sprache spiegelt, kann sie nicht darstellen.“ (T, 4.121) Ebenso kann man nichts über Fragen ethischer oder religiöser Natur sagen, denn diese liegen außerhalb der Grenzen der Sprache, und daher gibt es hier nichts, was Sätze abbilden könnten; das bedeutet, daß solche Sätze keinen Sinn haben können. Vielmehr *zeigt sich* das Ethische und das Religiöse: „Es gibt allerdings Unaussprechliches. Dies *zeigt* sich, es ist das Mystische.“ (T, 6.522)

Eine mögliche Erklärung von Wittgensteins Absicht könnte lauten, daß er Wertfragen vor den entzaubernden Übergriffen der Wissenschaft schützen will. Die Wissenschaft befaßt sich mit der Welt, mit dem Bereich der Tatsachen, und wie die Dinge in der Welt liegen, das ist *kontingent*, d. h. zufällig. In der Welt ist eben alles, wie es ist, es könnte auch anders sein (T, 6.41) Aber Werte können nicht zufällig sein, sagt Wittgenstein, dazu sind sie zu wichtig (ebd.). Da die Bereiche der Tatsachen und der Werte so absolut voneinander unterschieden sind, kann man mit Tatsachensätzen keine Wertfragen beschreiben oder erklären. Letztere transzendieren die Welt, d. h., sie liegen jenseits ihrer Grenzen.

Wittgenstein beschränkt sich jedoch nicht auf diese negativen Punkte. In einigen kurzen und unsystematischen Bemerkungen auf den letzten Seiten des *Tractatus* deutet er an, was das Ethische und das Religiöse seiner Auffassung nach von sich zeigen. Er sagt dort, daß gutes oder böses Wollen für die Welt keinen Unterschied bedeutet, es verändert keine Tatsachen bezüglich des Soseins der Dinge in dieser Welt. Aber es ändert „die Grenzen der Welt" (T, 6.43), d. h., es hat Auswirkungen darauf, wie die Welt *als ganze* dem moralisch Handelnden erscheint. Entsprechend erscheint die Welt dem Gutwilligen ganz anders als dem Böswilligen. Wittgenstein fügt dann hinzu: „Die Welt des Glücklichen ist eine andere als die des Unglücklichen." (ebd.) Damit könnte er entweder sagen wollen, daß guter Wille zum Glücklichsein des Gutwilligen führt oder mit dessen Glücklichsein einhergeht, und umgekehrt für den bösen Willen; er könnte aber auch sagen wollen, daß das grundlegende moralische Gut das Glück selbst ist. Einige Interpreten haben diese letztere Lesart vertreten, aber die erste ist besser durch das gestützt, was Wittgenstein in diesem Umfeld sagt. In einer Bemerkung kurz vor 6.43 schreibt er, daß ethischer Lohn und ethische Strafe in der Handlung selbst liegen müssen und nicht, wie im „gewöhnlichen Sinne" von Strafe und Lohn, in Verbindung mit ihren Folgen in der Welt der Tatsachen zusammengedacht werden dürfen (T, 6.422). Der Gedanke scheint also der zu sein, daß der gute Wille seinen eigenen Lohn enthält – Glück –, und der schlechte Wille seine eigene Strafe.

Wittgenstein bekräftigt seine Ansicht, daß Wertfragen die Welt als ganze betreffen und nicht Tatsachen innerhalb der Welt, durch seine Bemerkungen über den Tod und über Gott. Bei meinem Tod, sagt er, ändert sich die Welt nicht, sondern sie hört auf (T, 6.431); daher ist mein eigener Tod kein Ereignis meines Lebens – „Den Tod erlebt man nicht." Und in einem bestimmten Sinn ist dann unser Leben „ebenso endlos, wie unser Gesichtsfeld grenzenlos ist". (T, 6.4311) Über Gott heißt es: „*Wie* die Welt ist, ist für das Höhere vollkommen gleichgültig. Gott offenbart sich nicht *in* der Welt". (T, 6.432) Das bedeutet, daß Überlegungen zu Gott, vielleicht die Quelle oder der Brennpunkt des Werthaften, sich nur auf die Welt als ganze beziehen, genau wie die Wertfragen selbst. Deutlicher noch wird das an folgenden Bemerkungen:

6.44  Nicht *wie* die Welt ist, ist das Mystische, sondern *daß* sie ist.

6.45  Die Anschauung der Welt sub specie aeterni ist ihre Anschauung als – begrenztes – Ganzes. Das Gefühl der Welt als begrenztes Ganzes ist das mystische.

Diese Bemerkungen führen zum berühmten Schlußsatz des *Tractatus:* „Wovon man nicht sprechen kann, darüber muß man schweigen." (T, 7) Wittgenstein behauptet dies aus dem nun vertrauten Grund, daß über ethische und religiöse Dinge nichts gesagt werden kann, weil sie außerhalb der Welt liegen. Darum, sagt er in Briefen, geht es *eigentlich* im *Tractatus,* und er gelangt zu diesem Punkt durch eine logische Untersuchung der Natur der Sprache, der Welt und ihrer Verknüpfung.

## c) Einige Anmerkungen und Fragen

Dem *Tractatus* war ein eigenartiges Schicksal beschieden. Er wird eher als ein Werk von historischem Interesse behandelt denn als eine denkerische Arbeit, mit der man sich ebenso kritisch auseinandersetzt wie mit anderen philosophischen Werken. Er wird oft erläutert, erklärt und interpretiert, aber nur selten wird er einer ernsthaften Kritik unterzogen. Dafür gibt es gute Gründe. Hauptsächlich hat das mit der Stellung des *Tractatus* in Wittgensteins philosophischer Entwicklung zu tun. Es handelt sich um ein Frühwerk, das von seinem Autor selbst später zurückgewiesen wurde. Wittgenstein baute sogar auf der Verwerfung der zentralen Lehren des *Tractatus* seine spätere Philosophie auf. Daher setzt man sich nur mit wenigen Thesen dieses Werkes noch zustimmend oder ablehnend auseinander. Die Kommentatoren sehen zwar die Notwendigkeit, diese Schrift zu erklären, aber die Notwendigkeit einer kritischen Bewertung sehen sie in der Regel nicht. In gewisser Hinsicht ähnelt der *Tractatus* einem Schachspiel. Man kann sich gar nicht vorstellen, daß er *wahr* sein könnte, sowenig, wie man sich vorstellen kann, daß eine Partie Schach wahr sein kann. Das liegt daran, daß der *Tractatus* ein nicht interpretierter Kalkül ist. Seine Schlüsselbegriffe (‚Gegenstand‘, ‚Name‘ etc.) sind formale Mittel wie die Figuren des Schachspiels: Die ‚Königin‘ beim Schach ist natürlich keine *Königin*, nicht einmal eine Spielzeugkönigin, sie ist nur eine rein formale Größe, die ausschließlich durch die ihr erlaubten Züge definiert ist. Das sind auch die ‚Gegenstände‘ und ‚Namen‘ des *Tractatus*; sie sind Elemente abstrakter paralleler Strukturen, bestimmt nur durch ihre Rollen und wechselseitigen Beziehungen. Die ‚Namen‘ und ‚Gegenstände‘ des *Tractatus* haben nichts mit *Namen* (wie ‚Tom‘) oder *Gegenständen* (wie Teetassen) zu tun, sowenig wie die Schachkönigin eine Königin ist.

Macht man sich jedoch an eine kritische Überprüfung des *Tractatus*, wie Wittgenstein selbst das getan hat, dann wird bald klar, daß es viele Gründe gibt, die Lehren dieses Werkes in Frage zu stellen. Einige davon will ich hier kurz anführen.

Der erste Einwand, den Wittgenstein selbst gegen den *Tractatus* vorbrachte und aus dem heraus er in seinem späteren Hauptwerk, den *Philosophischen Untersuchungen*, einen ganz anderen Ansatz wählte, ist folgender: Der *Tractatus* besitzt eine Symmetrie, eine Ordnung und anscheinende Strenge von der Art, die z. B. einen eleganten mathematischen Beweis für den Verstand so befriedigend macht. Er erreicht diese Qualität aber um einen zu hohen Preis, denn seine Symmetrie und augenscheinliche Strenge führen zu einer enormen Vereinfachung der Fragen, mit denen das Werk befaßt ist. Das zeigt sich auf ganz verschiedene Weisen.

Erstens nahm Wittgenstein im *Tractatus* an, daß die Sprache nur ein einziges Wesensmerkmal besitzt, das er durch das Aufdecken ihrer logischen Struktur ans Licht bringen konnte. Die verdächtigen Begriffe sind die *des* Wesens und *der* logischen Struktur der Sprache. Die Idee, daß die Sprache eine einheitliche Natur besitzt, die sich in einer einzigen Formel fassen läßt, mit deren Entdeckung auf einen Schlag alle philosophischen Probleme des Denkens, der Welt, des Wertes, der Religion, der Wahrheit usw. gelöst sein sollen, diese Idee ist außerordentlich ehrgeizig. Aber der frühe Wittgenstein fordert uns auf, eine solche Idee anzunehmen. In den *Philosophischen Untersuchungen* weist Wittgenstein dann diese übermäßige Vereinfachung zurück und argumentiert ganz gegenteilig, daß die Sprache eine riesige Sammlung *verschiedener* Aktivitäten ist, von denen jede ihrer eigenen Logik folgt. Der *Tractatus* bietet in der Tat eine völlig verzerrte Sicht der Sprache. In diesem Werk verschreibt sich Wittgenstein der Auffassung, daß die Sprache die Gesamtheit der Aussagen ist, wobei ‚Aussage‘ das sein soll, was in einer behauptenden oder in einer Tatsachenaussage wie ‚der Tisch ist braun‘ oder ‚es regnet‘ behauptet wird. Mit dem Gedanken jedoch, daß Sprache sich in solchen Behauptungen erschöpft, wird eine Unzahl ganz anderer Sprachverwendungen ignoriert: Fragen, Befehlen, Mahnen, Warnen, Versprechen und noch viele mehr. Keine dieser Verwendungen der Sprache läßt sich erklären, wenn man sich an die Darstellung hält, die der *Tractatus* von der Sprachstruktur und der Art und Weise gibt, wie Sätze mittels der Abbildbeziehung sinnvoll werden. Den Prinzipien des *Tractatus* zufolge sind Fragen, Befehle, Versprechen usw. keine Sätze, damit keine Bilder von Tatsachen und damit sinnlos. Aber diese weiten Bereiche der Sprache sind in Wahrheit alles andere als sinnlos, und deshalb muß eine Sprachtheorie ihnen angemessen Rechnung tragen.

Kurz gesagt ignoriert der *Tractatus* ganz und gar die große *Vielfalt* der Sprache, auf der Wittgenstein in seinem späteren Denken besteht. Die Theorie des *Tractatus* läßt sich nur für einen kleinen Ausschnitt der Sprache überhaupt annehmen. Aber selbst für diesen kleinen Ausschnitt – die Tatsachensätze – wies Wittgenstein später die im *Tractatus* vertretene Ansicht zurück, derzufolge das letzte Verbindungsglied zwischen Welt und Sprache die Bezeichnungsbeziehung ist, in der die *Bedeutung* eines Namens im Gegenstand besteht, den dieser Name bezeichnet. Auch diese Auffassung läßt sich aus noch zu erörternden Gründen nicht halten, und Wittgenstein beginnt die *Philosophischen Untersuchungen* denn auch mit ihrer ausführlichen Widerlegung. Die Sprachtheorie des *Tractatus* ist also, wie Wittgenstein selbst später feststellte, verzerrend und zu einfach und muß deshalb verworfen werden.

Nun liegt sicherlich die Frage nahe, weshalb Wittgenstein und andere, unter ihnen auch Russell, das nicht gleich gesehen haben. Die Antwort liegt darin, daß Wittgenstein und andere sich verleiten ließen, die Sprache und die Welt in Begriffen eines bestimmten Modells, des *atomistischen* Modells, zu denken. Wittgensteins These basiert auf der Voraussetzung, daß Sprache und Welt komplex und damit strukturiert sind und daß ihre Strukturen daher in ihre einfachsten (oder zumindest einfacheren und grundlegenderen) Elemente zerlegt werden können. Er nahm weiter an, daß die Logik, wie sie oben im ersten Abschnitt dargestellt wurde, maßgeschneidert ist für die Beschreibung und Analyse dieser Strukturen. Mit diesen Annahmen gehen weitere einher, z. B. die, daß sich die Sprache als eine wahrheitsfunktionale Struktur behandeln läßt. Mit einer solchen Annahme läßt sich nur dann leicht leben, wenn man der Meinung ist, daß alle Sprache in behauptenden Aussagesätzen besteht (oder daß sich zumindest alle Sätze in solche umformulieren lassen).

Diese und ähnliche Voraussetzungen werfen eine Reihe wichtiger Fragen auf. Ist die Logik Freges und Russells wirklich genau die richtige zur Analyse von Sprache und Welt? Andere Kandidaten für ‚die Logik der natürlichen Sprache‘ sind ins Spiel gebracht worden.

Wittgensteins spätere Zweifel darüber, was und ob überhaupt etwas mit der Rede von ‚*der* logischen Form der Sprache' gemeint ist, sind nur zu verständlich. Besitzen Sprache und Welt ‚zugrundeliegende Strukturen', die sich von ihren Oberflächenstrukturen unterscheiden? Wenn ja, müssen sie so beschaffen sein, wie der *Tractatus* behauptet? Weshalb sollten wir Wittgensteins Erklärungen zu diesem Punkt auf den ersten Seiten des *Tractatus* überhaupt folgen? Denn ein *Argument*, das die Richtigkeit seiner Sicht der Sprache und der Welt zeigen würde, führt er nicht an.

Wittgenstein gibt im *Tractatus* keinerlei Begründung oder Rechtfertigung für seine Grundannahmen, was die meisten von ihnen, wie wir jetzt sehen, sehr nötig hätten. Die Begriffe der Analyse, der logischen Form, der Frege-Russellschen Logik – diese und andere sind in einem Muster verwoben, das zwingend zu Lehren wie denen des *Tractatus* oder zu Russells ‚Logischem Atomismus' führt, wenn man die Voraussetzungen mitmacht und mit ihnen arbeitet. Russells Anwendung dieser Begriffe führt bei seinem Interesse an der Verbindung mit alltäglichen Fragen wie Wahrnehmung, Urteil, Wissen, Herausfinden der Wahrheit usw. zu einer konkreteren (wenn auch letztlich nicht akzeptableren) Theorie, als Wittgenstein sie uns bietet. Erst aus ihrer vollständig abstrakten Verwendung durch Wittgenstein ergibt sich jener schachähnliche Charakter des *Tractatus*. Den wichtigsten kritischen Punkt hat aber Wittgenstein selbst benannt, als er sich an die Ausarbeitung seiner späteren Philosophie machte: die Tatsache, daß der *Tractatus* die Sprache übermäßig vereinfacht und verzerrt, indem er behauptet, daß die Sprache die Summe aller Sätze sei, daß sie ein einziges Wesen habe, daß dieses Wesen sich in Begriffen der Prädikatenlogik beschreiben ließe, daß Sprache und Welt parallele Strukturen besitzen, die über eine Abbildbeziehung verknüpft sind, und schließlich, daß unser Sprechen (und damit Denken) nur sinnvoll seien, wenn sie das Bild einer Tatsache darstellen. Wittgenstein verwarf später jede einzelne dieser Annahmen.

Auch wenn wir diese Bemerkungen beiseite ließen, fänden wir in der Theorie des *Tractatus* andere Probleme. Wie wir gesehen haben, handelt es sich um eine Theorie über die Verknüpfung von Sprache und Welt. Wie wir ebenfalls gesehen haben, weigert sich Wittgenstein aber anzugeben, was er mit ‚Namen‘, ‚Gegenständen‘, ‚Elementarsätzen‘ und ‚Sachverhalten‘ meint. Wir können uns nun einem ganz einfachen, aber wichtigen Grund dafür zuwenden, weshalb alle diese Begriffe unerklärt bleiben mußten.

Nach dem *Tractatus* ist ein Satz wahr, wenn er ‚abbildet‘ oder dem entspricht, was der Fall ist. Das scheint zunächst einwandfrei zu beschreiben, was es für einen Satz heißt, wahr zu sein, aber sieht man genauer hin, ergeben sich doch Schwierigkeiten. Lassen wir den *Tractatus* einen Augenblick beiseite, und betrachten wir den Satz: ‚Die Katze liegt auf der Matte‘, behauptet in dem Moment, in dem eine wirkliche Katze tatsächlich auf einer wirklichen Matte liegt. Welches ist nun die Struktur dieser Aussage? Welches ist die Struktur der Tatsache? Wie genau ‚entsprechen‘ sie einander? Lassen wir auch Schwierigkeiten mit der ‚Bezeichnung‘ selbst außer Betracht, so könnten wir versucht sein, den Satz in zwei bezeichnende Ausdrücke und einen relationalen Ausdruck zu zerlegen oder sogar in drei bezeichnende Ausdrücke, wobei ‚liegt auf‘ eine *Beziehung* und kein *Ding* bezeichnen würde. Aber so eindeutig ist die Sache gar nicht, denn es gibt hier nur zwei *Dinge* (die Katze und die Matte), und es ist schwer einzusehen, inwiefern die Beziehung zwischen ihnen auf die gleiche Weise ein *konstitutiver Bestandteil* der Tatsache sein soll, wie man das für die Katze und die Matte sagen kann, denn letztere sind konkrete Größen, während die Beziehung eine abstrakte Größe ist. Von vornherein sind also Tatsachen und die ihnen korrespondierenden Sätze schwer in ihre konstitutiven Bestandteile zu zerlegen, weil unklar ist, was als ‚konstitutiver Bestandteil‘ gelten soll. Im Fall einer Aussage wie ‚der Wagen ist blau‘ wird das Problem noch deutlicher, denn hier gibt es zunächst zwei konstitutive Bestandteile, nämlich ein Subjekt und ein Prädikat, aber es gibt nur einen blauen Wagen, es sei denn, man wollte denken, die Tatsache, in der die Existenz eines blauen Wagens besteht, sei irgendwie aus einem Wagen und einem Blausein, einem Ding und einer Eigenschaft zusammengesetzt. Aber das hilft auch nicht weiter, denn warum sollten wir dann nicht auch sagen können, die Tatsache sei zusammengesetzt aus einem Wagen, einem Blausein und vier ‚Reifenheiten‘ oder aus allen möglichen anderen Dingen und Eigenschaften, an die man gerade denken mag?

Diese nicht besonders tiefgehenden Bemerkungen zeigen bereits, welche Schwierigkeiten entstehen, wenn man sich fragt, welches in der im *Tractatus* ausgeklammerten ‚psychologischen‘ Untersuchung mögliche Kandidaten für Gegenstände, Namen usw. sein könnten. Ein Beispiel kann diese Schwierigkeiten verdeutlichen. Im Fall der Katze auf der Matte war der Gedanke der, daß das Wort ‚Katze‘ einen Gegenstand, nämlich die Katze bezeichnet. Aber das Wort ‚Katze‘ kann kein Name im Sinne des *Tractatus* sein, noch kann die Katze als ‚Gegenstand‘ im Sinne des *Tractatus* dienen, denn Katzen sind komplexe, analysierbare Dinge – Sachverhalte gewissermaßen –, während Gegenstände einfach, unveränderlich und unanalysierbar sind. Da Katzen also keine Gegenstände sind, kann das Wort ‚Katze‘ nach der Theorie des *Tractatus* kein Name sein. Hier stoßen wir auf die ‚Schach‘-Problematik des *Tractatus*, denn wir müssen uns fragen, was nun eigentlich die ‚Namen‘ und ‚Gegenstände‘ *sind*. Ohne irgendeinen genaueren Hinweis kann man unmöglich entscheiden, ob die Abbildtheorie der Beziehung von Sprache und Welt, immerhin das Kernstück des *Tractatus*, auch nur halbwegs plausibel ist. Dieser Einwand ist keine bloße Krittelei. Er besagt: Wenn man im Rahmen von Wittgensteins Schlüsselbegriffen bleibt, ergibt sich zwar der Eindruck, daß hier etwas Lehrreiches mitgeteilt wird, aber sobald man sich diese Begriffe näher anschaut oder versucht, sie auf Konkreteres zu beziehen, steht man mit einem nutzlosen Begriffsapparat da.

Das hängt mit dem allgemeineren Problem zusammen, daß der *Tractatus* nur sehr wenige *Argumente* enthält. Die Thesen werden in diesem Werk behauptet und durch verschiedenste Mittel gestützt oder ergänzt; manchmal durch eine Illustration, manchmal durch eine Erweiterung oder Definition, oft durch eine Metapher oder einen Vergleich. Argumente oder Beweise, wie sie in der philosophischen Debatte üblich sind, erscheinen dagegen sehr viel seltener. An entscheidenden Punkten wie z. B. den Ausführungen zur Abbildbeziehung werden wichtige Thesen lediglich durch Redefiguren erläutert: „Das Bild ist *so* mit der Wirklichkeit verknüpft; es reicht bis zu ihr." (T, 2.1511) „Es ist wie ein Maßstab an die Wirklichkeit angelegt." (T, 2.1512) „Diese Zuordnungen sind gleichsam die Fühler der Bildelemente, mit denen das Bild die Wirklichkeit berührt." (T, 2.1515) Sicher, nach Wittgensteins Auffassung besteht die Philosophie in ‚Erläuterungen' und nicht in ‚Sätzen' im Sinne des *Tractatus*, aber der Leser mag zu Recht denken, daß hier nichts erläutert wurde, wenn die wichtigsten Begriffe (wie ‚Name' und ‚Gegenstand') unerklärt bleiben, so daß er gar nicht nachvollziehen kann, wie sie eigentlich eingeführt und gebraucht werden. Das gleiche muß man sagen, wenn über entscheidende Aspekte der Theorie – die ‚Abbildung' zum Beispiel – nur in Metaphern gesprochen wird (die ‚Fühler'), oder wenn Vergleiche wie der von einem an die Wirklichkeit angelegten ‚Maßstab' verwendet werden. Diese Erwägungen sind wichtig für eine kritische Bewertung des *Tractatus*. In bezug auf die Thesen zur Sprache und ihrer Abbildbeziehung zur Welt folgt aus ihnen, daß Wittgensteins Vorhaben undurchführbar ist, sobald man die architektonischen Fragen einmal hinter sich läßt und versucht, die Theorie praktisch anzuwenden (die Welt ‚richtig zu sehen', wie Wittgenstein sagt), denn man weiß dann buchstäblich gar nicht mehr, worüber Wittgenstein zu reden glaubt.

Von diesen Schwierigkeiten sind auch Wittgensteins Schlußbemerkungen über Wertfragen nicht frei. Ramsey sagte einmal, auch wenn man die Ethik als „Unsinn, aber wichtigen Unsinn" beschreibt, sei das, als wollte man den Kuchen zugleich behalten und essen. Damit trifft er einen Nerv des Problems. Wittgenstein hält Werte für transzendent und von der Welt losgelöst; das stimmt wahrhaft schlecht damit zusammen, daß ethische Fragen in Wirklichkeit alles andere als auf diese Weise von der Welt losgelöst sind: Moralisch schwierige Situationen ergeben sich Tag für Tag, und der Sinn, in dem solche Situationen problematisch sind, hängt zu wichtigen Teilen von der konkreten Wirklichkeit dieser Situationen ab. So hängt z. B. unser Urteil, daß es unmoralisch ist, Tieren ohne Not Schmerz zuzufügen, zu wichtigen Teilen von Tatsachen ab, die die Fähigkeit zur Schmerzempfindung bei Tieren betreffen (während nichts Unmoralisches dabei ist, gegen einen Stein zu treten). Es spielt also für unsere alltäglichen Handlungen, für unsere Praxis durchaus eine Rolle, wie die Dinge in der Welt zufällig beschaffen sind. Wenn überdies wahr wäre, daß Werte sich einfach irgendwie ‚zeigen‘, wie Wittgenstein behauptet, wäre schwer verständlich, weshalb es überhaupt in ethischen Fragen zu Konflikten und Meinungsverschiedenheiten kommt oder weshalb Menschen mit Leidenschaft und Ernst Ansichten vertreten können, die mit gleicher Leidenschaft und gleichem Ernst von anderen bekämpft werden.

Man könnte gegen den *Tractatus* noch weitere, detailliertere Einwände vorbringen, aber dazu fehlt uns hier der Raum. Eines sollte man jedoch noch betonen: Obgleich Wittgenstein sein früheres Werk und sein früheres Selbst später nicht schonte, ist sein späterer Standpunkt diesem früheren doch nicht ganz und gar entgegengesetzt; es gibt, wie wir noch sehen werden, sowohl Veränderungen wie Kontinuitäten zwischen den beiden Phasen seines Denkens.

## d) Der Einfluß der Frühphilosophie

Nach der gängigen Auffassung von Wittgensteins frühem philosophischen Einfluß bildete der *Tractatus* eine wichtige Inspirationsquelle für den durch den Wiener Kreis entwickelten ‚Logischen Positivismus‘. Ganz in Übereinstimmung damit und ohne weiteren Kommentar konnte J. O. Urmson kürzlich in einer Geschichte der neueren Philosophie schreiben, daß einige der im Wiener Kreis vertretenen Auffassungen „im wesentlichen auf dem *Tractatus* basierten, der auf die Mitglieder des Kreises einen tiefen Einfluß hatte". Ähnliche Äußerungen finden sich in vielen anderen Schriften zu diesem Zeitraum. Überdies war der Einfluß der gängigen Darstellung zufolge einseitig. Die Interpreten von Wittgensteins späterer Philosophie kümmerten sich kaum um die Annahme, daß die zum Teil recht radikalen Veränderungen in Wittgensteins Denken in den zwanziger und besonders in den frühen dreißiger Jahren auf seine Kontakte mit dem Wiener Kreis zurückgehen könnten.

In neueren Untersuchungen wird die Beziehung zwischen Wittgensteins Frühwerk und dem Kreis nicht mehr so eindeutig beurteilt. Außer Frage steht, daß es eine Verbindung *gab*, aber Wittgensteins Einfluß scheint doch viel geringer gewesen zu sein, als man angenommen hatte, und er scheint sich im wesentlichen auf zwei Mitglieder des Kreises beschränkt zu haben, die dadurch jedoch keineswegs in einen Gegensatz zu den anderen Mitgliedern gerieten (außer in einigen Punkten, die mit Wittgensteins Theorie wenig zu tun haben).

Wir werden uns diesen Fragen gleich zuwenden. Zunächst ist aber auf einen viel früheren Einfluß von Wittgensteins Arbeit hinzuweisen, der der Veröffentlichung des *Tractatus* um Jahre vorausging. Die Rede ist von Wittgensteins Einfluß auf Russell. In der biographischen Skizze im ersten Kapitel wurde schon berichtet, daß Wittgenstein sich nach der Lektüre von Russells *Prinzipien der Mathematik* entschloß, bei Russell zu studieren. Diese Schrift und die von Russell und Whitehead gemeinsam verfaßten *Principia Mathematica* hatten für Wittgenstein eine kaum zu überschätzende Bedeutung. Tatsächlich verdankt der *Tractatus* diesen Werken seine Existenz und viele seiner Ideen. Aber Wittgenstein blieb bei seiner Arbeit mit Russell in Cambridge 1912–13 nicht lange in der Schülerposition, und die Debatten zwischen beiden führten dazu, daß jeder seine Ansichten ausarbeitete, Wittgenstein den *Tractatus* und Russell seine *Vorlesungen über den Logischen Atomismus* von 1918. Beide Werke haben sehr unterschiedliche Formen, teilen aber gewisse Grundannahmen und den gemeinsamen Ausgangspunkt, demzufolge die Logik die Struktur der Sprache und der Welt enthüllt. Was die Grundannahmen und den Ausgangspunkt angeht, war Russell die Hauptquelle. (Mit einigen philosophischen Kenntnissen kann man sehen, daß Russell selbst von Frege und Leibniz beeinflußt war; zu diesen Einflüssen auf die logischen und metaphysischen Aspekte von Russells Werk kommt noch der große Einfluß Humes auf Russells Erkenntnistheorie hinzu. Wittgenstein ist also diesen Einflüssen über Russell ausgesetzt. Dazu kommen bei ihm noch Schopenhauer und, von diesem vermittelt, Kant.) Wittgensteins Antworten auf das, was er von Russell lernte, beeinflußten ihrerseits wieder dessen Denken, und diese Wechselseitigkeit erklärt die Ähnlichkeiten ihrer Ansichten in den folgenden Jahren. Russell schreibt in seinen *Vorlesungen über den Logischen Atomismus*, daß er die darin enthaltenen Thesen „meinem Freund Wittgenstein" verdanke, eine für Russells Großzügigkeit typische Bemerkung, die in Wahrheit seine Schuld gegenüber dem Jüngeren übertreibt, denn fast alles, was in den *Vorlesungen* von wesentlicher Bedeutung ist, findet sich schon in Schriften, die Russell veröffentlicht hatte, bevor er Wittgenstein kennenlernte.

Wittgensteins Einfluß führte dazu, daß Russell ein Buch nicht publizierte, an dem er arbeitete, als Wittgenstein zum ersten Mal nach Cambridge kam. Es sollte *Erkenntnistheorie* heißen. Nur seine ersten sechs Kapitel erblickten in Form von Aufsätzen das Licht der Welt, den Rest ließ Russell wegen Wittgensteins Ablehnung liegen. In einem Brief an einen Freund berichtete Russell 1913, was geschehen war: „Wir waren beide durch die Hitze gereizt. Ich zeigte [Wittgenstein] wichtige Teile der Arbeit, an der ich saß. Er sagte, alles sei falsch, und mir waren die Schwierigkeiten nicht klar; er hatte meine Ansicht geprüft und wußte, daß sie nicht haltbar war. Ich konnte seinen Einwand nicht verstehen – er drückte sich auch wirklich nicht deutlich aus –, aber ich werde das Gefühl nicht los, daß er recht haben muß, er hat etwas gesehen, was ich übersehen habe." (Erinnerungen an Wittgenstein belegen, daß er sein Leben lang dieses Vorgehen beibehielt, die Ansicht – und das Selbstvertrauen – eines anderen mehr durch seine Art als durch inhaltlich begründete Einwände zunichte zu machen.) Daß Russell eine so wichtige Arbeit aufgab, bezeugt seine damalige Wertschätzung für Wittgenstein und verrät uns etwas über die geistige Beziehung zwischen den beiden. Die Verhinderung von Russells Buch muß als Wittgensteins erste Wirkung in der Philosophie gelten.

Wie schon gesagt, liegen die Dinge weniger klar, was Wittgensteins Beziehungen zum Wiener Kreis angeht. Der Kreis verdankte seine Existenz im wesentlichen Moritz Schlick, der 1922 als Professor für Philosophie der induktiven Wissenschaften nach Wien kam. Was als Diskussionszirkel begann, nahm nach und nach festere Formen an: Es gab ein Forschungsprogramm und eine Zeitschrift namens *Erkenntnis*, in der die Ergebnisse veröffentlicht wurden. Zum Kreis gehörten einige außerordentlich fähige Männer, neben Schlick selbst z.B. Rudolf Carnap, Otto Neurath und Hans Reichenbach. Die Gruppe traf sich über zehn Jahre lang ab Mitte der zwanziger Jahre und zerbrach, als ihre Mitglieder durch die Nazis ins Exil getrieben wurden.

Im Mittelpunkt der durch den Kreis vertretenen Lehre – des ‚Logischen Positivismus‘ – stand die Forderung nach einer Abgrenzung der Wissenschaft von dem, was die Mitglieder des Kreises in einem abschätzigen Sinn ‚Metaphysik‘ nannten (was für sie gleichbedeutend mit ‚Unsinn‘ war). Sie zogen diese Trennlinie, indem sie sagten, daß nur Sätze über Tatsachen oder über die logischen Beziehungen zwischen Begriffen sinnvoll seien. Sätze, die in keine dieser beiden Klassen fielen – z.B. die Sätze der Ethik und der Religion –, betrachteten sie als Ausdrücke mit emotionalem oder mahnendem, aber ohne Erkenntnisgehalt, die strenggenommen keinen Sinn haben. Tatsachenaussagen, sagten sie, basieren auf Erfahrungen und haben Bedeutung, weil sie durch Erfahrung bestätigt oder widerlegt werden können. Die andere Klasse der sinnvollen Aussagen – über die logischen Beziehungen zwischen Begriffen – nannten sie ‚analytische‘ Sätze; sie wurden definiert als Sätze, deren Wahrheitswert durch einfache Untersuchung der Bedeutung der Wörter (oder Symbole) bestimmbar ist, aus denen sie bestehen. Darunter fallen die Sätze der Logik und der Mathematik. Für die Positivisten bestand der Zweck der Philosophie in der Klärung der Sätze der empirischen Wissenschaften durch die logische Analyse der Bedeutung. Die Philosophie wird dabei als Teilgebiet der Wissenschaft und nicht als eigenständige Disziplin angesehen.

Zunächst gibt es zwischen dieser Auffassung und dem *Tractatus* viele Gemeinsamkeiten. Wittgenstein spricht von Sätzen als Bildern von Tatsachen, von der Logik als tautologisch oder ‚analytisch‘, von der Rolle der Philosophie als bloßer ‚Erläuterung‘ und von der Unsinnigkeit aller Sätze außer denen der Naturwissenschaft, der Logik und der Mathematik. Aufgrund dieser offensichtlichen Ähnlichkeiten studierten die Mitglieder des Kreises auf ihren Treffen 1925 und 1926 eingehend den *Tractatus* und beauftragten Schlick, Diskussionen mit Wittgenstein zu organisieren. Schlicks Frau hat uns eine Aufzeichnung hinterlassen, aus der die Aufregung ihres Mannes nach seiner ersten Begegnung mit Wittgenstein im Jahr 1927 hervorgeht. Eine Zeitlang diskutierte Wittgenstein auch mit anderen Mitgliedern des Kreises, unter ihnen Carnap und Feigl, aber schon bald beschränkte er seine regelmäßigen Kontakte auf Schlick und dessen Mitarbeiter Friedrich Waismann. Wittgenstein ging 1929 nach Cambridge, kehrte aber oft zu Besuch nach Wien zurück und hielt – auch durch Briefe – seine Beziehung zu Schlick und Waismann aufrecht, bis Schlick 1936 auf den Treppen der Wiener Universität von einem Studenten (wahrscheinlich aus politischen Gründen) ermordet wurde.

Die Kontakte Wittgensteins zu Schlick und Waismann waren also recht eng. Waismann zeichnete die Diskussionen mit Wittgenstein in den Jahren 1929–31 auf, und diese Aufzeichnungen wurden später veröffentlicht. Schlick ermunterte Wittgenstein, mit Waismann beim Verfassen eines Buches zusammenzuarbeiten, in dem die Lehren des *Tractatus* erklärt und die Entwicklung von Wittgensteins Denken nach dessen Veröffentlichung dargestellt werden sollten. Waismann sollte das Buch unter Wittgensteins Anleitung schreiben. Als Anfang der dreißiger Jahre klar wurde, daß Wittgensteins Ansichten sich zu weit von den im *Tractatus* vertretenen entfernt hatten, um das Projekt noch durchzuführen, sollte Waismann auf

Schlicks Anregung statt dessen Wittgensteins neue Ansichten darstellen. Waismann versuchte sich daran, doch war Wittgensteins Denken in diesen Jahren in reger Entwicklung begriffen. Waismanns Ergebnisse stellten deshalb Wittgenstein kaum je zufrieden. Das Buch wurde schließlich viel später, 1967, sechs Jahre nach dem Tod seines Autors, unter Waismanns eigenem Namen veröffentlicht. Während beide zusammenarbeiteten, publizierte Waismann jedoch Vorlesungen und Aufsätze über verschiedene Aspekte von Wittgensteins im Entstehen begriffener Philosophie.

Wittgenstein hatte zwar umfangreiche Kontakte zu diesen beiden Mitgliedern des Wiener Kreises, aber Schlicks Positivismus beeinflußte er kaum. Auch Schlick hatte seine Ansichten schon entwickelt, bevor er Wittgenstein kennenlernte, und dabei an Hume, Ernst Mach und die empiristische Tradition der Philosophie angeknüpft, zudem an die Logik Russells und Freges. (Der andere führende Kopf des Kreises, Carnap, hatte 1910–14 bei Frege in Jena studiert.) Als der Kreis seine feste Gestalt erhielt und sich ein Forschungsprogramm vornahm, waren also die grundlegenden positivistischen Dogmen schon festgeschrieben. Aus den Berichten einiger Mitglieder des Kreises, insbesondere Carnaps und Reichenbachs, geht überdies hervor, daß der Eindruck des *Tractatus* auf die Gruppe eher gering und in einigen Punkten sogar negativ war. In den Sitzungen der Jahre 1925–26, in denen der *Tractatus* erörtert wurde, warf Neurath immer wieder ‚Metaphysik!‘ in die Runde, (unter Positivisten, wie erwähnt, ein Schimpfwort), und in einem Brief an Waismann schrieb er einige Jahre später, die „Wittgensteinperiode" habe diesen und in gewissem Maße auch Schlick von der gemeinsamen Aufgabe abgelenkt. In seiner intellektuellen Autobiographie *Mein Weg in die Philosophie* erinnert sich Carnap: „Als wir im Kreis Wittgensteins Buch zu lesen begannen, hatte ich irrtümlich geglaubt, seine Einstellung gegenüber der Metaphysik sei der unseren ähnlich. Ich hatte wohl die Stellen über das Mystische in seinem Buch darum nicht genügend beachtet, weil seine Gefühle und Gedanken auf diesem Gebiet zu verschieden von den meinen waren."

Mehr noch als die Berichte und Erinnerungen der Mitglieder des Wiener Kreises verraten uns ihre Veröffentlichungen und ihre dort vorgetragenen Thesen über die Reichweite von Wittgensteins Einfluß. Die aus dem Kreis stammenden Bücher und Vorträge zeigen nicht nur, daß Wittgensteins Einfluß minimal war, sondern auch, daß es gar nicht anders sein konnte, denn zwischen den Thesen des *Tractatus* und denen des Logischen Positivismus bestehen viele tiefgreifende Unterschiede. Der Hauptunterschied liegt in der Ansicht der Positivisten, daß die Grundlage des Tatsachenwissens in der empirischen Beobachtung liegt (später von Neurath und Carnap im Widerspruch zu den anderen in eine Art ‚Kohärenz'-Theorie geändert, nach der die Basissätze eher durch theoretische Erfordernisse als durch ‚krude Beobachtung' bestimmt werden). Der zweite Unterschied besteht zu den positivistischen Theorien der Wahrscheinlichkeit und der Induktion, auf die von dieser Seite großer Wert gelegt wurde; drittens finden sich bei Wittgenstein Fragen des Wertes und der Religion nicht in einer solchen Randposition wie bei den Positivisten, die die Religion überwiegend als primitiven Aberglauben verachteten, während Wittgenstein ihr immer tiefen Respekt entgegenbrachte; viertens besteht ein Unterschied zum positivistischen Glauben an die ‚Einheit der Wissenschaft', den Wittgenstein in der Konzeption wenig anziehend fand, wie Waismanns Aufzeichnungen zeigen; und daneben gibt es noch eine ganze Reihe weiterer Unterschiede in Einzelfragen.

Nach allem, was wir wissen, wurde Wittgenstein eher vom Wiener Kreis beeinflußt als umgekehrt, und zwar nicht etwa in dem Sinn, daß er (eine ganz kurze Zeit ausgenommen) selber eine Art Positivist geworden wäre, sondern im *negativen* Sinn. Er entfernte sich immer weiter von seinen eigenen Lehren im *Tractatus*, die denen des Positivismus zumindest oberflächlich ähnelten, gerade so, als hätte er sich genau in dem Maße von den Irrtümern des *Tractatus* überzeugt, wie ihm dessen positivistischer Einschlag zu Bewußtsein kam. In einem Brief an Schlick stellt er 1932 fest, daß der *Tractatus* sehr viele Formulierungen enthalte, mit denen er nicht mehr übereinstimme. Auch Waismanns Aufzeichnungen der Gespräche mit Wittgenstein halten dieses Gefühl fest. Zumindest ein Teil des Impetus seiner Spätphilosophie stammt also daher, daß er von den Positivisten gelernt hatte, womit er sich in seinem eigenen Frühwerk nicht länger identifizieren konnte.

In Gesprächen mit Schlick und Waismann Ende der zwanziger Jahre, als er aufgrund von Schlicks Einfluß seine positivistischste Phase hatte, äußerte sich Wittgenstein ganz im Sinne der Positivisten dahingehend, daß „die Bedeutung einer Aussage die Methode ihrer Verifizierung" sei, d.h., daß der Sinn einer Aussage in den Methoden besteht, mit deren Hilfe sie als wahr oder falsch erwiesen wird. Äußerungen wie diese mögen mit zur Überschätzung von Wittgensteins Verbindung mit dem Wiener Kreis geführt haben. Diese Idee entsprach nach Wittgensteins eigener damaliger Deutung des *Tractatus* seiner Ansicht, daß Sätze wahr oder falsch sind, je nachdem, ob sie die Wirklichkeit richtig abbilden oder nicht. Schlick schätzte Wittgensteins Formulierung dieser Idee sehr. Als A. J. Ayer die Gedanken des Wiener Kreises 1936 in seinem Buch *Sprache, Wahrheit und Logik* in englischer Sprache bekannt machte, nahm das Verifikationsprinzip eine zentrale Stellung ein und wurde viel diskutiert. Wittgenstein steuerte jedoch mehr die Formulierung als den Gedanken bei, und er teilte die Verifikationstheorie auch nicht lange, jedenfalls nicht in ihrer groben positivistischen Fassung.

Aus alldem ergibt sich, daß man dem *Tractatus* kaum länger die Initialrolle für die Entstehung einer philosophischen Bewegung zuschreiben kann, wie viele frühere Interpreten es getan haben. Das bedeutet aber nicht, daß der *Tractatus* historisch betrachtet ein Werk ist, das man vernachlässigen könnte. Es ist von Interesse, weil es ein kompromißloses, ja extremes Beispiel des ‚logischen Atomismus' darstellt und lebhaft vor Augen führt, was eine solche Position mit sich bringen kann. Seine Hauptbedeutung liegt aber darin, daß dieses Werk zum Teil im positiven, zum überwiegenden Teil aber im negativen Sinn die Quelle für Wittgensteins eigene ab Anfang der dreißiger Jahre entstehende spätere Philosophie ist, der wir uns nun zuwenden.

# 3. Die spätere Philosophie

Gegenstand dieses Kapitels ist Wittgensteins reifes Werk von Mitte der dreißiger Jahre bis zu seinem Tod 1951. In dem halben Jahrzehnt davor durchlief Wittgensteins Denken eine Periode des Wandels, in der sich die Themen seiner Spätphilosophie aus der kritischen Abgrenzung zum *Tractatus* entwickelten. Ich werde zunächst diesen Wandel in Wittgensteins Denken kurz skizzieren.

In den folgenden Abschnitten wollen wir dann zentrale Gedanken von Wittgensteins Spätwerk genauer betrachten; seine Philosophie der Mathematik und die posthum veröffentlichten kürzeren Schriften bleiben dabei jedoch weitgehend ausgespart. In diesen Schriften vertritt Wittgenstein im wesentlichen dieselben Auffassungen wie in den hier erörterten Hauptwerken *Philosophische Untersuchungen*, *Zettel* und *Über Gewißheit*.

## a) Die Übergangszeit

Einen Teil der Vorgeschichte von Wittgensteins Spätphilosophie haben wir bei der Darstellung seiner Kontakte zum Wiener Kreis schon kennengelernt. In den Diskussionen mit Mitgliedern des Kreises stellte er zunächst seine Ansichten vor und deutete sie dann eine Zeitlang selbst in positivistischen Begriffen, bevor er Anfang der dreißiger Jahre erkennen mußte, daß seine Auffassungen in wichtigen Punkten unhaltbar waren. Nach seiner Rückkehr nach Cambridge im Jahr 1929 durchlebte Wittgenstein eine Phase intensiver geistiger Arbeit und schrieb sehr viel. Diese Übergangszeit dauerte bis etwa 1935. Viele Gedanken der *Philosophischen Untersuchungen* und der anderen Spätwerke waren zu diesem Zeitpunkt in den Manuskripten schon festgehalten.

Die Schriften der Übergangszeit enthalten sowohl Elemente der früheren wie der späteren Ansichten Wittgensteins. Eines ihrer Hauptthemen betrifft die Philosophie der Mathematik, insbesondere die Frage nach dem *Status* mathematischer Sätze. Sind mathematische Aussagen notwendig wahr? Sind sie vollständig in Begriffen der Logik erklärbar? Wenn nicht, wie muß ihre Erklärung dann aussehen? In Verbindung mit diesen Fragen finden sich hier ausgiebige Untersuchungen zu Sprache und Bedeutung, zu psychologischen Begriffen und zum Begriff des Wissens, die sämtlich zu den Hauptthemen der späteren Philosophie zählen. Die Übergangsschriften stellen für die Wittgensteinforschung eine reiche Materialquelle dar, da sie die Spätphilosophie vorbereiten und zum Teil vorwegnehmen und eine ausgesprochen interessante denkerische Entwicklung sichtbar werden lassen.

Nach der Zuerkennung des Doktortitels im Jahr 1929 bewarb sich Wittgenstein um eine Forschungsstelle am Trinity College in Cambridge. Zu diesem Zweck mußte er eine umfangreichere Arbeitsprobe aus seiner damaligen philosophischen Forschungsarbeit einreichen. Das Manuskript wurde 1964 unter dem Titel *Philosophische Bemerkungen* veröffentlicht (englische Übersetzung 1975 unter dem Titel *Philosophical Remarks*). Wittgenstein schrieb ein Vorwort zu diesem Text, woraus man schließen kann, daß er ihn zur Veröffentlichung vorsah. (Tatsächlich plante Wittgenstein in den beiden verbleibenden Jahrzehnten seines Lebens wiederholt Veröffentlichungen und traf entsprechende Vorbereitungen. Briefe zwischen ihm und den Verantwortlichen bei Cambridge University Press zeigen, daß einige dieser Pläne sehr weit gediehen waren; faktisch veröffentlicht wurde jedoch vor seinem Tod nichts, weil er nie ganz zufrieden mit der Formulierung seiner Ansichten und der Anordnung seiner Bemerkungen war.)

Die *Philosophischen Bemerkungen* wurden in der Phase bis 1932 geschrieben und enthalten viele Hinweise auf Wittgensteins Kontakte zu den Positivisten und deren Einfluß auf ihn, insbesondere was die Betonung des Problems der Verifikation angeht. Hier werden einige Thesen des *Tractatus* verteidigt, unter ihnen an zentraler Stelle die Abbildtheorie, aber dabei bringt Wittgenstein auch neue Elemente ins Spiel, die ihn im Laufe der Jahre zunehmend stärker beschäftigen sollten. Ganz besonders wichtig war Wittgenstein hierbei die Theorie der ‚Bedeutung als Gebrauch‘, die wir noch eingehend erörtern werden.

Wittgenstein schrieb auch in den Jahren 1932 bis 1934 ausgiebig. Es entstand ein umfangreiches Manuskript, das 1969 unter dem Titel *Philosophische Grammatik* veröffentlicht wurde (englische Veröffentlichung 1974 unter dem Titel *Philosophical Grammar*). Das Werk hat zwei Teile, deren Überschriften seinen Inhalt angeben: „Sinn des Satzes“ und „Über Logik und Mathematik“. Während der Überarbeitung des Werkes 1933–34 diktierte Wittgenstein seinen Studenten Notizen, die später als Typoskript unter dem Titel *Das Blaue Buch* zirkulierten; dieser Titel leitet sich vom blauen Einband des Typoskripts her. Zwischen diesem seinerzeit nur im Selbstverlag veröffentlichten Text und dem ersten Teil der *Philosophischen Grammatik* bestehen weitgehende Übereinstimmungen.

Die Bedeutung der *Grammatik* liegt darin, daß sie zum Teil vorläufiges, zum Teil schon ausgearbeitetes Material der späteren *Philosophischen Untersuchungen* enthält. Im ersten Teil der *Grammatik* geht es vor allem um die Frage, wie wir den geäußerten Lauten und den niedergeschriebenen Zeichen, aus denen die Sprache besteht, Bedeutung beilegen. Wittgensteins Gedanke ist in Kürze folgender.

Einer natürlichen Auffassung nach besteht das Verständnis von Sprache in einem geistigen Prozeß, der unsere sprachlichen Aktivitäten begleitet. Wenn ich spreche, höre oder lese, geht dieser Ansicht zufolge etwas in meinem Geist vor, was das ‚Erfassen der Bedeutung‘ der verwendeten Zeichen ausmacht. Wittgenstein argumentiert gegen diese Auffassung; er sagt, daß das Verstehen von Sprache kein *Prozeß*, sondern eine *Fähigkeit* ist. Er veranschaulicht seine These u. a. an der Frage, was es heißt, ‚zu wissen, wie man Schach spielt'. Wenn dieses Wissen ein Prozeß wäre – d. h. etwas, das im Kopf vor sich geht –, dann müßte man fragen, ob man eigentlich die ganze Zeit über weiß, wie man Schach spielt, oder nur, wenn man gerade einen Zug macht (vgl. Philosophische Grammatik, § 50). Aber diese Fragen sind doch offenbar unangebracht, und ihr unnatürlicher Charakter zeigt, daß es ein Fehler ist, Verstehen und Wissen als Ereignisse im Geist aufzufassen. Wittgenstein sagt, wir sollten beide statt dessen als Fähigkeiten auffassen, als etwas, zu dem wir praktisch in der Lage sind. Ihm zufolge ist die Idee eines ‚geistigen Prozesses' ohnehin wirr und führt nur zu Mißverständnissen. Auf diese These legte Wittgenstein großen Wert, und sie spielt, wie wir noch sehen werden, in der philosophischen Psychologie der späteren Werke eine zentrale Rolle.

In der *Grammatik* wendet sich Wittgenstein dann der Untersuchung der Schlüsselbegriffe ‚Denken' und ‚Verstehen' selbst zu, und zwar auf eine Art und Weise, die schon viel von den *Untersuchungen* vorwegnimmt. Das gilt insbesondere für sein Argument, daß es viele verschiedene Arten von Verstehen gibt, die nicht durch gemeinsame Wesenszüge oder bestimmende Charakteristika miteinander verbunden sind, sondern durch eine allgemeine Ähnlichkeitsbeziehung, die er ‚Familienähnlichkeit' nennt – ein Begriff, der zuerst in der *Grammatik* und noch betonter dann im *Blauen Buch* erscheint und auch in den *Untersuchungen* eine bedeutende Rolle spielt. Im *Blauen Buch* zeichnet sich eine weitere wichtige Entwicklung hin zur Spätphilosophie und insbesondere zur Theorie der Bedeutung als Gebrauch ab. Wittgenstein sagt dort folgendes: Statt zu fragen: ‚Was ist die Bedeutung eines Wortes?', sollten wir fragen: ‚Was heißt es, die Bedeutung eines Wortes zu *erklären*? Wie wird der Gebrauch eines Wortes gelernt?' Die Frage, was den Lauten und Zeichen der Sprache ‚Leben' *(Bedeutung)* gibt, wird sowohl im *Blauen Buch* wie im ersten Teil der *Grammatik* untersucht, und Wittgensteins Antwort lautet entsprechend: „Wenn wir jedoch irgendetwas, das das Leben des

Zeichens ausmacht, benennen sollten, so würden wir sagen müssen, daß es sein *Gebrauch* ist." (*Das Blaue Buch*, 20).

1934–35 diktierte Wittgenstein zweien seiner Schüler ein Manuskript, das, wie das *Blaue Buch*, im Selbstverlag in Cambridge und über Cambridge hinaus zirkulierte. Wieder leitete sich sein Titel von der Farbe des Einbandes her: *Das Braune Buch*. Inhaltlich steht es den *Philosophischen Untersuchungen* sehr nahe, es ist praktisch ein Entwurf des späteren Werkes. Sein Entstehen markiert das Ende der Übergangsphase von Wittgensteins Denken. Die Schriften, die danach die Ideen der *Philosophischen Grammatik* und des *Blauen* und *Braunen Buches* entwickeln, stellen wirkliche Vorstufen der *Untersuchungen* dar, wie G. H. von Wright in seiner Rekonstruktion der Entstehungsgeschichte des Werkes gezeigt hat. Auffällig an den Übergangswerken ist, daß sie ziemlich die gleichen Themen wie der *Tractatus* behandeln, vor allem den Satz und seinen Sinn, und das gilt auch noch für das spätere Werk, nur daß Wittgensteins neue Art, diese Probleme zu behandeln, in zunehmendem Maß auch zur Erörterung psychologischer Begriffe wie *Verstehen*, *Beabsichtigen*, *Erfahren* u. a. m. führt. Die Gründe dafür werden noch deutlich werden.

Als Wittgenstein über die Publikation seines Hauptwerkes, der *Philosophischen Untersuchungen*, nachdachte, kam er zu dem Schluß, daß man dieses Werk besser verstehen würde, wenn man es zusammen mit dem *Tractatus* veröffentlichte. Die *Untersuchungen* stellen in vielen wichtigen Hinsichten eine Auseinandersetzung mit dem *Tractatus* dar, so daß ein Vergleich der beiden Werke nachdrücklich die Auffassung der *Untersuchungen* verdeutlicht. Die Erörterung der Spätphilosophie, der wir uns nun zuwenden, wird zeigen, in welchem Sinn das so ist.

## b) Methode, Bedeutung und Gebrauch

Im *Tractatus* hatte Wittgenstein die Position vertreten, daß die Sprache ein einzigartiges und zu enthüllendes Wesen besitze, eine einzige, ihr zugrundeliegende Logik, die sich mit Hilfe einer Strukturanalyse der Sprache und der Welt, sowie mit Hilfe einer Beschreibung ihrer Beziehung – der ‚Abbild‘-Beziehung – ans Licht bringen lasse. Diese Abbildbeziehung ruht letzten Endes ihrerseits auf einer bezeichnenden Verbindung zwischen Namen und Gegenständen; Namen ‚bedeuten‘ Gegenstände. Die Argumentation der *Philosophischen Untersuchungen* basiert auf einer ausdrücklichen Verwerfung dieser Ansicht. Hier sagt Wittgenstein, daß es nicht *eine einzige* ‚Logik der Sprache‘ gibt, sondern viele; die Sprache hat nicht ein einziges Wesen, sondern ist eine riesige Sammlung unterschiedlicher Praktiken, von denen jede ihrer eigenen Logik folgt. Die Bedeutung besteht nicht in einer Bezeichnungsbeziehung zwischen Sätzen und Tatsachen; vielmehr ist die Bedeutung eines Ausdrucks sein *Gebrauch* in der Vielzahl von Praktiken, aus denen letztlich die Sprache besteht. Überdies ist die Sprache nichts Abgeschlossenes und Autonomes, das sich unabhängig von anderen Erwägungen untersuchen läßt, denn sie ist in alles menschliche Handeln und Verhalten verwoben, und entsprechend erhalten ihre vielen Verwendungen Gehalt und Bedeutung erst in unseren praktischen Kontexten, in unserer Arbeit, in unserem Umgang miteinander und mit der Welt. Kurz gesagt ist die Sprache Teil des Gewebes einer umfassenden ‚Lebensform‘.

Wir müssen uns vergegenwärtigen, daß Wittgenstein in seiner Übergangszeit eine bestimmte Ansicht über die Natur der philosophischen *Methode* entwickelte, die sich von der des *Tractatus*, von dem er zentrale Ansichten über die Philosophie durchaus beibehält, im Kern unterscheidet. Die Einsicht in Wittgensteins Position in diesem Punkt läßt uns seine spätere philosophische Haltung insgesamt viel besser verstehen.

Wie wir gesehen haben, vertrat Wittgenstein im *Tractatus* die

Ansicht, daß philosophische Probleme auf einem „Mißverständnis der Logik unserer Sprache" beruhen. Diese Ansicht hat er auch später nicht aufgegeben. Verändert hat sich indessen, was er unter der ‚Logik unserer Sprache' verstand. Aber nicht nur das. Wittgenstein war zu der Einsicht gelangt, daß sich die Probleme, die auf Mißverständnissen der Logik der Sprache beruhen, nicht durch die Konstruktion einer systematischen philosophischen Theorie lösen lassen, wie er sie im *Tractatus* selbst zu entwickeln versucht hatte. Statt zur Auseinandersetzung mit diesen Problemen *Theorien* zu ersinnen, sollten wir, sagt er nun, diese Probleme ‚auflösen', indem wir die Mißverständnisse aus dem Weg räumen, der sie allererst ihre Entstehung verdanken. Wir haben uns demnach die Philosophie als ein *therapeutisches* Unternehmen zu denken, und zwar in einem recht buchstäblichen Sinn: „Der Philosoph behandelt eine Frage; wie eine Krankheit." (PU, §255) In den Übergangswerken und danach gibt Wittgenstein entsprechend die streng systematische Methode des *Tractatus* auf und wählt ein Vorgehen, bei dem er immer wieder neu ansetzt und explizit zu *keiner* strukturierten Theorie gelangen will. So erhalten die späteren Werke ihr merkwürdig unzusammenhängendes und sprunghaftes Erscheinungsbild im Kontrast zur strengen Architektur des *Tractatus*.

Wittgenstein legt seine späteren Ansichten über die angemessene Methode und die Ziele der Philosophie in den *Untersuchungen* dar. Verwirrungen, sagt er, entstehen aus dem Mißbrauch der Sprache oder aus Mißverständnissen über ihre Natur. Mit einer falschen Auffassung der Arbeitsweise der Sprache laufen wir Gefahr, in Verwirrung zu geraten. So orientieren wir uns z. B. beim Gebrauch eines Ausdrucks an Ausdrücken einer ganz anderen Sorte, oder wir werden irrtümlich einen Ausdruck ohne Rücksicht auf den Kontext zu verstehen suchen, in dem er normalerweise seine Aufgaben erfüllt. „Die Verwirrungen, die uns beschäftigen", sagt Wittgenstein, „entstehen gleichsam, wenn die Sprache leerläuft, nicht wenn sie arbeitet." (PU, §132) „Denn die philosophischen Probleme entstehen, wenn die Sprache *feiert*." (PU, §38) Das Heilmittel besteht darin, sich anzusehen, wie die Sprache *tatsächlich* arbeitet: „[Philosophische Probleme] sind freilich keine empirischen, sondern sie werden durch eine Einsicht in das Arbeiten unserer Sprache gelöst, und zwar so, daß dieses erkannt wird: *entgegen* einem Trieb, es mißzuverstehen." (PU, § 109)

Dieser Ansicht nach verschwinden philosophische Probleme, wenn die Arbeitsweise der Sprache angemessen erfaßt wird. Solange Philosophen ‚in‘ diese Arbeit der Sprache ‚hineinschauen‘ wollen, sind sie wie Fliegen, die in einem Glas gefangen sind und hilflos summend einen Ausweg suchen. Wittgenstein bemerkt: „Was ist dein Ziel in der Philosophie? – Der Fliege den Ausweg aus dem Fliegenglas zeigen." (PU, § 309) Erforderlich dazu ist, daß man den Unterschied begreift zwischen dem, was Wittgenstein ‚Oberflächengrammatik‘ und ‚Tiefengrammatik‘ nennt. Mit ‚Grammatik‘ meint Wittgenstein nicht, was wir normalerweise unter diesem Begriff verstehen, sondern vielmehr *Logik*, genauer die Logik einer gegebenen sprachlichen Tätigkeit. Es gibt viele verschiedene Arten sprachlicher Tätigkeit, und daher gibt es auch viele verschiedene Arten und Weisen, wie die ‚Grammatik‘ der Sprache arbeitet. Nach Wittgensteins Ansicht geraten die Philosophen ins Fliegenglas, weil sie nur die ‚Oberflächengrammatik‘ wahrnehmen: „Man könnte im Gebrauch eines Worts eine »Oberflächengrammatik« von einer »Tiefengrammatik« unterscheiden. (...) Und nun vergleiche die Tiefengrammatik, des Wortes »meinen« etwa, mit dem, was seine Oberflächengrammatik uns würde vermuten lassen. Kein Wunder, wenn man es schwer findet, sich auszukennen." (PU, § 664) Entsprechend nennt Wittgenstein die *Untersuchungen* eine ‚grammatische‘ Betrachtung: „Unsere Betrachtung ist daher eine grammatische. Und diese Betrachtung bringt Licht in unser Problem, indem sie Mißverständnisse wegräumt." (PU, § 90) Das schließt an die Beschreibung der Philosophie als ‚Erläuterung‘ im *Tractatus* an – eine weitere Konstante zwischen der früheren und der späten Haltung Wittgensteins –, aber in den *Untersuchungen* ist die Methode aufs engste verknüpft mit den hier vorgebrachten Ansichten, indem gewissermaßen der Inhalt dieser Ansichten gar nichts anderes *ist* als diese Methode in ihrer Anwendung. Denn Wittgensteins Bemerkungen zur Methode laufen auf die Forderung hinaus, daß wir in der Philosophie nicht *erklären*, sondern nur *beschreiben* sollen (‚erklären‘ hieße nichts anderes als neue Theorien zu entwerfen), denn wir sind nicht auf der Suche nach neuen Informationen, sondern wollen nur das, was wir über unsere Sprache und unser Denken schon wissen, angemessen ordnen und damit erst eigentlich verstehen.

Wittgensteins Äußerungen zur Methode prägen seinen gesamten Ansatz in der Spätphilosophie. Wie sich diese Methode in der Anwendung auswirkt, zeigt sich, wenn man die Hauptgedanken der *Untersuchungen* Schritt für Schritt durchgeht, was wir jetzt tun wollen.

Nach den *Untersuchungen* besteht der erste Schritt zu einem Verständnis der Arbeitsweise unserer Sprache darin, uns von der verlockenden, aber irrigen Annahme freizumachen, daß eine einheitliche erklärende Darstellung der Sprache möglich sei, d. h. eine Darstellung, die die gesamte Arbeitsweise der Sprache in Begriffen eines einzigen theoretischen Modells erklären würde. Wittgenstein zielt damit natürlich auf den *Tractatus*; indem er diesen kritisiert, kann er im Gegenzug die Auffassung der *Untersuchungen* darlegen, derzufolge die Sprache in einer Vielzahl verschiedener Tätigkeiten besteht. Wittgenstein weist schon im Vorwort der *Untersuchungen* auf seine Ablehnung der Sprachauffassung des *Tractatus* hin: „Vor zwei Jahren … hatte ich Veranlassung, mein erstes Buch (die »Logisch-Philosophische Abhandlung«) wieder zu lesen … Da schien es mir plötzlich, daß ich jene alten Gedanken und die neuen zusammen veröffentlichen sollte: daß diese nur durch den Gegensatz und auf dem Hintergrund meiner älteren Denkweise ihre rechte Beleuchtung erhalten könnten.

Seit ich nämlich … mich wieder mit Philosophie zu beschäftigen anfing, mußte ich schwere Irrtümer in dem erkennen, was ich in jenem ersten Buche niedergelegt hatte."

Wittgenstein veranschaulicht die ‚schweren Irrtümer‘ nicht durch

Bezug auf den *Tractatus* selbst, sondern durch einen Rückgriff auf Augustinus' Darstellung des Spracherwerbs in den *Bekenntnissen*. Er zitiert zu Beginn der *Untersuchungen* zunächst einige Zeilen aus Augustinus' Text, unter anderem den Satz: „Nannten die Erwachsenen irgend einen Gegenstand ... so nahm ich das wahr, und ich begriff, daß der Gegenstand durch die Laute, die sie aussprachen, bezeichnet wurde...", und er schreibt dazu: „In diesen Worten erhalten wir, so scheint es mir, ein bestimmtes Bild von dem Wesen der menschlichen Sprache. Nämlich dieses: Die Wörter der Sprache benennen Gegenstände – Sätze sind Verbindungen von solchen Benennungen. – In diesem Bild von der Sprache finden wir die Wurzeln der Idee: Jedes Wort hat eine Bedeutung. Diese Bedeutung ist dem Wort zugeordnet. Sie ist der Gegenstand, für welchen das Wort steht." Das entspricht natürlich der Theorie des *Tractatus*, aber an Augustinus kann Wittgenstein verdeutlichen, daß diese Theorie ebenso altehrwürdig wie weit verbreitet ist. Überdies verleitet uns diese Sprachkonzeption zu einer ganz falsch ansetzenden Untersuchung der Sprache. Wir stellen die falschen Fragen, besonders die „Frage nach dem *Wesen* der Sprache, des Satzes, des Denkens", und solche Fragen verleiten uns zu der irrigen Ansicht, dieses ‚Wesen' der Sprache sei „nicht etwas, was schon offen zutage liegt", sondern „etwas, was *unter* der Oberfläche liegt" und uns verborgen ist, und eben diese Auffassung, sagt Wittgenstein, „ist die Form, die unser Problem nun annimmt". (PU, §92) Daher „ist uns, als müßten wir die Erscheinungen *durchschauen*" (PU, §90), und dies wiederum bindet uns nur noch fester an das irreführende Modell der Sprache, das der *Tractatus* laut Wittgenstein mit Augustinus teilt. Nach diesem irreführenden Modell kann es den Anschein haben, „als gäbe es so etwas wie eine letzte Analyse unserer Sprachformen, also *eine* vollkommen zerlegte Form des Ausdrucks. d.h.: als seien unsere gebräuchlichen Ausdrucksformen, wesentlich, noch unanalysiert; als sei in ihnen etwas verborgen, was ans Licht zu befördern ist." (PU, §91) Wittgensteins Reaktion auf diese Vorstellung fällt nun ganz unmißverständlich aus: Er bestreitet, daß es überhaupt einen

Bedarf an Analyse gibt, um ein in der Rede verborgenes Wesen ‚ans Licht zu befördern'. „Die Philosophie", sagt er, „stellt eben alles bloß hin, und erklärt und folgert nichts. – Da alles offen daliegt, ist auch nichts zu erklären. Denn, was etwa verborgen ist, interessiert uns nicht." (PU, § 126) Der Schlüssel liegt in der schon zitierten Einsicht aus § 92: Die Arbeitsweise der Sprache liegt offen zutage und wird durch Ordnen übersichtlich.

Was offen zutage liegt, sagt Wittgenstein, ist die Tatsache, daß die Sprache *kein einheitliches Ding* ist, sondern vielmehr eine Unmenge verschiedenster Tätigkeiten. Wir gebrauchen die Sprache, um zu beschreiben, zu berichten, zu informieren, zuzustimmen, zu bestreiten, zu spekulieren, Befehle zu geben, Fragen zu stellen, Geschichten zu erzählen, zu schauspielern, zu singen, Rätsel zu raten, Spaß zu machen, Probleme zu lösen, zu übersetzen, zu fordern, zu danken, zu grüßen, zu fluchen, zu beten, zu warnen, in Erinnerung zu rufen, Gefühle auszudrücken und für vieles andere mehr (vgl. insbesondere PU, § 23 und z. B. §§ 27, 180, 288, 654). Alle diese verschiedenen Tätigkeiten nennt Wittgenstein ‚Sprachspiele'. Im *Braunen Buch* hatte er mit diesem Begriff einen vereinfachten Ausschnitt der Sprache bezeichnet, dessen Untersuchung uns etwas über die eigentliche Natur der Sprache verraten kann. In den *Untersuchungen* erhält dieser Ausdruck dann eine allgemeinere Bedeutung und bezeichnet jede unserer vielen und sehr verschiedenen faktischen Sprachverwendungen: „Das Wort »*Sprachspiel*« soll hier hervorheben, daß das Sprechen der Sprache ein Teil ist einer Tätigkeit, oder einer Lebensform." (PU, § 23) Wittgenstein spricht in diesem Abschnitt von einer ‚Mannigfaltigkeit der Sprachspiele' und führt eine Liste von Sprachspielen (ähnlich der obigen) an, um dann hinzuzufügen: „Es ist interessant, die Mannigfaltigkeit der Werkzeuge der Sprache und ihrer Verwendungsweisen, die Mannigfaltigkeit der Wort- und Satzarten, mit dem zu vergleichen, was Logiker über den Bau der Sprache gesagt haben. (Und auch der Verfasser der *Logisch-Philosophischen Abhandlung*.)" Der Vergleich ist zu ziehen zwischen der großen Mannigfaltigkeit von Sprachspielen und der irrigen Auffassung der ‚Logiker‘ und des Verfassers des *Tractatus*, daß die Sprache eine *einzige* zugrundeliegende logische Struktur besitze.

Mit ‚Spiel‘ will Wittgenstein nicht etwa zum Ausdruck bringen, daß die verschiedenen sprachlichen Aktivitäten wie Berichten, Beschreiben, Fragen usf. in irgendeiner Weise unernst oder unwichtig seien. Sie sind natürlich ernst. Wittgenstein begründet seine Verwendung dieses Begriffs folgendermaßen:

„Betrachte z. B. einmal die Vorgänge, die wir »Spiele« nennen. Ich meine Brettspiele, Kartenspiele, Ballspiel, Kampfspiele, usw. Was ist allen diesen gemeinsam? – Sag nicht: ‚Es *muß* ihnen etwas gemeinsam sein, sonst hießen sie nicht »Spiele‘ – sondern *schau*, ob ihnen allen etwas gemeinsam ist. – Denn wenn du sie anschaust, wirst du zwar nicht etwas sehen, was *allen* gemeinsam wäre, aber du wirst Ähnlichkeiten, Verwandtschaften, sehen, und zwar eine ganze Reihe. (…) Und das Ergebnis dieser Betrachtung lautet nun: Wir sehen ein kompliziertes Netz von Ähnlichkeiten, die einander übergreifen und kreuzen.“ „Ich kann diese Ähnlichkeiten nicht besser charakterisieren als durch das Wort »Familienähnlichkeiten«; denn so übergreifen und kreuzen sich die verschiedenen Ähnlichkeiten, die zwischen den Gliedern einer Familie bestehen: Wuchs, Gesichtszüge, Augenfarbe, Gang, Temperament, etc. etc. – Und ich werde sagen: die »Spiele« bilden eine Familie.“ (PU, §§ 66, 67)

Mit der Beschreibung der Sprache als Sammlung von Sprachspielen will Wittgenstein noch einmal unterstreichen, daß die Sprache nicht ein einziges Wesen besitzt, das ans Licht zu bringen und in Begriffen einer einheitlichen Theorie zu formulieren wäre. Um daher die Arbeitsweisen der Sprache zu verstehen, müssen wir zunächst ihre Mannigfaltigkeit und Vielfältigkeit erkennen. „Statt etwas anzugeben, was allem, was wir Sprache nennen, gemeinsam ist, sage ich, es ist diesen Erscheinungen garnicht Eines gemeinsam, weswegen wir für alle das gleiche Wort verwenden, – sondern sie sind miteinander in vielen verschiedenen Weisen *verwandt.*" (PU, §66) Ist das erst einmal klar, dann liegt nach Wittgenstein auf der Hand, weshalb die im *Tractatus* vorgebrachte Bedeutungstheorie falsch ist, denn dort wurde behauptet, daß die Bedeutung eines Wortes der Gegenstand ist, den es benennt, während hier, in den *Untersuchungen,* gesagt wird, daß die Bedeutung eines Ausdrucks der *Gebrauch* ist, der von ihm in den verschiedenen Sprachspielen gemacht werden kann, aus denen die Sprache besteht: „Die Bedeutung eines Wortes ist sein Gebrauch in der Sprache." (PU, §43)

In den ersten Abschnitten der *Untersuchungen* nach dem Augustinuszitat zeigt Wittgenstein, weshalb die im *Tractatus* vertretene Bezeichnungstheorie der Bedeutung in sich fehlerhaft ist. Sein Argument ist etwa folgendes: Bestünde die Bedeutung von Worten in der Bezeichnungsverknüpfung mit Gegenständen, dann müßte diese Verknüpfung durch eine ostensive Definition, d. h. durch eine hinweisende Erklärung belegt werden, dadurch also, daß ein Gegenstand angegeben wird, was normalerweise geschieht, indem man mit dem Finger auf einen solchen Gegenstand zeigt und dabei dessen Namen ausspricht. Diese Ansicht schreibt Wittgenstein Augustinus zu. Aber die Ostension, das hinweisende Zeigen, kann nicht als *Grundlage* des Spracherwerbs dienen, denn um zu verstehen, daß ein Gegenstand benannt wird, müßte der Lernende zumindest einen Teil der Sprache bereits beherrschen, nämlich das Sprachspiel der Benennung von Gegenständen. Nehmen Sie zur Verdeutlichung etwa an, Sie lehren einen nicht Deutsch sprechenden Schüler das Wort ‚Tisch‘, und Sie tun das, indem Sie das Wort aussprechen, während Sie auf einen Tisch zeigen. Weshalb sollte der Schüler Sie so verstehen, daß Sie einen Gegenstand benennen, weshalb sollte er nicht z. B. annehmen können, daß Sie dessen Farbe beschreiben oder seine Funktion oder seine Politur? Ja, weshalb sollte er nicht annehmen können, daß Sie ihn auffordern, unter diesen Tisch zu kriechen? Natürlich wird in diesem Beispiel der Schüler, der schon seine eigene Sprache beherrscht, wahrscheinlich das fragliche Sprachspiel richtig auffassen und verstehen, daß Sie einen Gegenstand benennen; aber jemand, der zum *allererste*n Mal eine Sprache lernt, verfügt nicht über dieses Wissen. Wie ließe sich Sprache also überhaupt lernen, wenn die Bedeutung in der Benennung bestünde und damit von ostensiven Definitionen abhinge?

Wittgenstein möchte, daß wir als Resultat dieser Kritik der ostensiven Definition folgendes erkennen: erstens, daß das Benennen *nicht*, wie der *Tractatus* behauptet hatte, die Grundlage der Bedeutung ist, und zweitens, daß die Bezeichnungsbeziehung selbst nicht einfach eine Frage ostensiv oder hinweisend hergestellter Beziehungen zwischen Lauten (oder Zeichen) und Gegenständen ist, sondern in bezug auf die Art und Weise verstanden werden muß, in der wir die Namen und das Benennen in unsere sprachlichen Tätigkeiten aufnehmen. Der erste Punkt soll uns warnen, denn im *Tractatus* war *alle* Sprache in Begriffen des denotativen Modells oder des Modells der Bezeichnung erklärt worden, während Wittgenstein in den *Untersuchungen* zeigt, daß mit der Orientierung an diesem Modell die Arbeitsweisen der Sprache schlicht nicht zu erklären sind und daß es sogar eine Quelle von Irrtümern und Verwirrungen darstellt. Der zweite Punkt hängt zusammen mit dem Begriff der *Bedeutung als Gebrauch*, der für die *Untersuchungen* von entscheidender Wichtigkeit ist und weitere Erklärungen verlangt, was seine Konsequenzen angeht.

Wittgenstein bietet uns in den *Untersuchungen* ganz bewußt keine *systematische* ,Gebrauchstheorie der Bedeutung'. Er verwendet den Begriff des Gebrauchs absichtlich in einem sehr weit angelegten Sinn, weil die Verwendungen von Ausdrücken so verschiedenartig sind wie die Sprachspiele, in denen sie vorkommen, und weil sich diese Vielfalt nicht in eine einzige Formel bringen läßt. Auch die Verwendung des Begriffs ,Gebrauch' selbst ist nicht unbedingt zwingend. Wittgenstein spricht ebenso von den *Funktionen* von Wörtern und Sätzen (PU, §§ 11, 17, 274, 556, 559), von ihren *Zielen* und *Zwecken* (z. B. PU, §§ 5, 6, 8, 348), ihren *Diensten* (PU, § 87) oder ihren *Rollen* und *Anwendungen* (z. B. PU, §§ 66 ff.). Mit diesen verschiedenen Wendungen will er in einem allgemeinen Sinn erfassen, welche Rolle *Ausdrücke in der Sprache spielen,* wobei der Hauptgedanke der ist, daß die Beherrschung einer Sprache in der Fähigkeit besteht, ihre Ausdrücke in den vielen verschiedenen Sprachspielen anzuwenden, zu denen diese Ausdrücke gehören können. Angesichts der Vielfalt von Sprachspielen muß der Begriff des Gebrauchs in diesem Sinne sehr weit gefaßt sein und kann nicht in einer einzigen Formel enthalten sein. Er sollte auch selbst nicht als Formel behandelt werden; der Slogan ,die Bedeutung ist der Gebrauch' stellt für Wittgenstein keine *Definition* der Bedeutung dar. Um seinen vollen Gehalt zu erfassen, muß man etwas mehr von Wittgensteins Erörterungen in den *Untersuchungen* verstehen, besonders was seine Ansichten über die Beziehung zwischen *Bedeutung* und *Verstehen* und seine Argumentation angeht, wonach das Verstehen kein innerer geistiger Zustand oder Prozeß ist, sondern die ,Beherrschung einer Technik' (PU, § 199), wobei diese Technik wiederum in der *Befolgung von Regeln* für den Gebrauch von Ausdrücken besteht.

Wir haben bei der Darstellung von Wittgensteins Übergangsphase schon gesehen, daß er die Idee verwarf, etwas durch einen Ausdruck zu *verstehen* bedeute, daß man einen inneren geistigen Prozeß durchlaufe. Insbesondere grenzt sich Wittgenstein von der Auffassung ab, daß uns bei der Erfassung einer Bedeutung etwas ,vorschwebt', ein Bild etwa, wie der *Tractatus* nahegelegt hatte; denn ein Wort verstehen ist nicht die gleiche Erfahrung wie Rot sehen oder Schmerz empfinden (PU, §§ 140, 154, 217–18). Damit soll nicht bestritten werden, daß es Erfahrungen geben kann, die das Verstehen begleiten – ein Wort mag durchaus ein Bild heraufbeschwören oder eine Erinnerung, mit der ein angenehmes Gefühl verbunden ist; aber darin *besteht* weder die Bedeutung des Wortes noch sein Verständnis. Wittgenstein wendet sich hier gegen die empiristische Ansicht, derzufolge die Bedeutung in sinnlicher Erfahrung gründet, und aus dieser Ablehnung folgen für ihn zwei Thesen: erstens, daß man die Bedeutung eines Wortes nicht lehrt, indem man im Geist des Schülers eine Assoziation zwischen dem Wort und der Erfahrung eines Gegenstandes oder einer Situation herstellt;

und zweitens, daß die Zuschreibung von Bedeutung bei verschiedenen Gelegenheiten des Gebrauchs eines Ausdrucks nicht darin besteht, daß man die gleiche Erfahrung wiederholt oder immer wieder den gleichen geistigen Prozeß durchläuft.

Wittgenstein nennt mehrere Gründe für seine Verwerfung der Ansicht, daß beim Verstehen ‚innere Zustände/Prozesse' im Spiel seien. Zum einen ist die Logik (oder ‚Grammatik', wie er sagt) des Begriffs der Bedeutung und des Verstehens eine andere als die von Erfahrungsbegriffen. Betrachten wir den Schmerz: Schmerz ist eine Erfahrung, und wir sprechen von lang andauerndem und von kurz dauerndem Schmerz, von Schmerz in den Zehen oder im Kopf, von stechendem oder dumpfem Schmerz. Nichts dergleichen können wir vom Verstehen eines Ausdrucks sagen; wir verstehen einen Ausdruck nicht lang andauernd, oder in unseren Zehen, oder stechend. Ein weiterer Grund liegt darin, daß verschiedene Menschen mit denselben Ausdrücken verschiedene Bilder assoziieren oder auf sie verschieden reagieren; daher kann weder die Bedeutung eines Ausdrucks noch unser Verständnis desselben in diesen geistigen Begleiterscheinungen liegen (vgl. PU, §§ 137–38). Der dritte und vielleicht wichtigste Grund liegt darin, daß es für das Verstehen eines Ausdrucks *nicht ausreicht*, daß ein bestimmter innerer Prozeß stattfindet. Wittgenstein verdeutlicht diesen Einwand durch das Beispiel des Gebrauchs des Wortes ‚Würfel'. Es ist demnach ein Fehler anzunehmen, es schwebe einem das geistige Bild eines Würfels vor und darin bestehe das Verstehen dieses Wortes, denn das geistige Bild selbst *sagt* uns nicht und *kann* uns auch selbst nicht sagen, was das Wort ‚Würfel' bedeutet. Tatsächlich könnte sich das geistige Bild eines Würfels auf alle möglichen Ausdrücke beziehen, etwa auf ‚Schachtel', ‚Zucker', ‚Geometrie' oder ‚Whiskey mit Eis', und deshalb *schreibt* es uns nicht *vor*, wie wir das Wort ‚Würfel' korrekt zu verstehen haben (PU, §§ 139–40); d. h., wir können von keinem der assoziierbaren Bilder ablesen, welches nun die Bedeutung eines Wortes *ist*.

Diese Betrachtungen führen zu einer allgemeineren Frage. Einige

Philosophen haben durchaus die Art von Schwierigkeiten gesehen, auf die Wittgenstein hinweist, und fanden es deshalb problematisch, das Verstehen mit *bestimmten* geistigen Prozessen zu identifizieren; sie neigten aber dann zur Annahme einer besonderen Art von *zugrundeliegendem* (und daher verborgenem) geistigen Prozeß, der das ‚Erfassen der Bedeutung‘ eines Ausdrucks ausmacht. In diesem zugrundeliegenden Prozeß sollen alle Bilder oder Assoziationen (oder ein relevanter Ausschnitt davon), aus denen die Bedeutung eines Ausdrucks besteht, irgendwie zusammengefaßt und zu etwas kombiniert werden, das schwer zu bestimmen ist und nur durch eine eindringliche philosophische Analyse zutage gefördert und begutachtet werden kann. Wittgenstein weist diese Annahme glatt zurück; tatsächlich ist sein Hauptangriffspunkt gegen die Annahme eines ‚inneren Zustandes/Prozesses‘ gerade gegen die These gerichtet, daß Verstehen etwas *Verborgenes* sei, daß es nicht nur ‚innerlich‘ (im Geist), sondern sogar *tief* im Geist stattfinde.

Nachdem er ausgeführt hat, was Bedeutung und Verstehen seiner Ansicht nach nicht sind, fährt Wittgenstein mit einer positiven Darstellung fort, in der der Begriff des Verstehens eine zentrale Stellung einnimmt. „Einen Satz verstehen, heißt, eine Sprache verstehen", sagt er. „Eine Sprache verstehen, heißt, eine Technik beherrschen." (PU, § 199) Verstehen heißt also *wissen, wie man etwas macht*, und eine Sprache verstehen heißt *wissen, wie man sie gebraucht*. Es besteht also eine sehr enge Verbindung zwischen Verstehen, Bedeutung und Gebrauch. Daraus folgt unmittelbar zweierlei: Erstens wird hier ein weiterer Grund für Wittgensteins Ablehnung der Theorie ‚innerer Prozesse‘ deutlich, der darin liegt, daß diese Konzeption nicht unsere Fähigkeit erklärt, Ausdrücke zu *benutzen*. Dagegen ist der Begriff des ‚Verstehens‘ als *Tätigkeit* – als Fähigkeit, die wir ausüben, als Technik, die wir anwenden – direkt mit dem Begriff des Gebrauchs verknüpft, wobei *gebrauchen* selbst eine *Tätigkeit* ist. Als zweites folgt, daß das Verstehen als praktische Fähigkeit durch *äußere* Kriterien anerkannt und gemessen wird – durch Handlungen und durch die Art des Verhaltens von Menschen – und somit alles andere als ein innerer oder privater Vorgang im geistigen Leben eines Individuums ist; vielmehr vollzieht sich das Verstehen ganz offen, im öffentlichen Raum. Daraus ergeben sich weitere wichtige Folgen, wie wir im nächsten Abschnitt sehen werden.

## c) Verstehen und Regelbefolgung

In Wittgensteins Ausführungen zum Sprachverständnis ist ‚Verstehen' im gerade erklärten Sinn die Beherrschung einer Technik oder einer Praxis. Eine zentrale Rolle spielt dabei der Begriff der *Regelbefolgung*, wonach die Praxis des Verstehens der Bedeutung von Ausdrücken eine Praxis der Befolgung ihrer Verwendungsregeln in den verschiedenen Sprachspielen ist, zu denen diese Ausdrücke gehören (zu beachten ist, daß Wittgenstein von ‚Regeln' immer in Verbindung mit ‚Spielen' spricht). Die Regelbefolgung wird hauptsächlich in den Abschnitten 143–242 der *Philosophischen Untersuchungen* erörtert, und zwar auf recht verschlungene Weise, so daß in der Wittgensteinliteratur über diese Frage schon lange debattiert wird. Wir sollten das bei der nun folgenden Darstellung nicht vergessen.

Um sich Wittgensteins Erörterung der Regelbefolgung zu nähern, kann man zunächst daran anknüpfen, daß die *Untersuchungen* u. a. dem negativen Zweck dienen sollen, philosophische Haltungen wie die des *Tractatus* zurückzuweisen. Ganz klar ist nun, daß die Sprachverwendung eine regelgeleitete Tätigkeit ist – eine ‚normative' Tätigkeit, wie die Philosophen sagen. Im *Tractatus* hatte Wittgenstein den normativen Charakter der Sprache nach dem Modell des *Kalküls* beschrieben, d. h. nach dem Modell eines strukturierten Systems mit streng definierten Regeln (den Regeln der Logik), die ganz automatisch funktionieren. Ein solcher Kalkül ist wie eine Maschine, in die man Rohmaterial eingibt und die daraus in exakter, geordneter und unveränderlicher Weise ein ganz bestimmtes Produkt macht. Auf die gleiche Weise haben die Regeln der Logik – und damit nach dem *Tractatus* auch die Regeln der Sprache – streng vorgeschriebene

Anwendungen, die das Ergebnis bestimmen. Im Fall der Sprache ist dieses Ergebnis die *Bedeutung*: Man versteht die Bedeutung eines Ausdrucks, wenn man die Regeln seiner Verwendung beherrscht. *Diesen* Punkt bestreitet Wittgenstein in den *Untersuchungen* natürlich nicht, denn eben darauf beruht ja seine spätere Philosophie. Sehr wohl aber bestreitet er, daß die fraglichen Regeln ein einziges, starres, zugrundeliegendes System bilden, und – wichtiger noch – er bestreitet, daß diese Regeln irgendwie *unabhängig* von uns sind, wie im *Tractatus* impliziert worden war. Anders gesagt lehnt Wittgenstein nun den Begriff des *Kalküls* ab und ersetzt ihn durch den des *Sprachspiels*. Während der *Tractatus* einen einzigen und streng einheitlichen Kalkül angenommen hatte, der aller Sprache zugrunde liegt, gehen die *Untersuchungen* von vielen unterschiedlichen Sprachspielen aus, deren ‚Grammatiken‘ oder Verwendungsregeln für die Betrachtung offen zutage liegen.

Nach der Theorie des *Tractatus* – und der ‚Augustinischen‘ Sprachauffassung generell – sind die Regeln für die richtige Verwendung eines Wortes irgendwie durch die Natur des vom Wort bezeichneten Gegenstandes festgelegt, denn nur so kann dieser Theorie nach die Bedeutung des Wortes (der bezeichnete Gegenstand) den Gebrauch des Wortes bestimmen. Wittgenstein verwirft nun die Theorie der Denotation oder Bezeichnung, und damit bleibt die Bedeutung eines Wortes ausschließlich eine Frage der Regeln seines Gebrauchs. Es geht jetzt also nur noch um das Wort und seine Verwendungsregeln, aber wir müssen vorsichtig sein und dürfen uns nun nicht vom Begriff der Regel selbst irreführen lassen, denn einer weit verbreiteten Ansicht zufolge *bestimmen* z. B. die Regeln der Logik und der Mathematik ganz *unabhängig* von unserer *praktischen Verwendung* oder *Befolgung* dieser Regeln, ob wir etwas richtig oder falsch machen. Genau hier liegt nach Wittgenstein nicht nur ein immanenter Fehler, sondern auch ein Fehler in bezug auf die Folgen. Denn nach dieser Ansicht bildet eine Menge von Regeln einen vollständigen und endgültigen Kalkül für eine gegebene Praxis in dem Sinn, daß man aus den einmal beherrschten Regeln automatisch die Richtigkeit oder Falschheit dessen ablesen kann, was man tut. Besonders großen Schaden richtet nach Wittgenstein die Anwendung des Modells der logischen Regeln auf die *Sprache* an, weil in der Sprache eine unermeßliche Vielzahl von Regeln den Gebrauch eines Ausdrucks bestimmt, während in der Logik nur eine einzige, umfassende und starre Menge von Regeln die ‚Sprache' *bildet*, in der die Logik besteht.

Die Kalkültheorie behandelt zwei Züge der Regel und der Regelbefolgung so, daß daraus eben die Probleme erwachsen, die Wittgenstein vermeiden will. Zum einen hat man bei der Befolgung einer Regel das Gefühl, durch diese Regel geleitet oder genötigt zu sein; die Regel scheint uns zu *sagen*, was wir tun sollen, sie scheint uns unsere Tätigkeit *vorzuschreiben*. Zum zweiten bestimmen die Regeln in einem Kalkül, etwa in einem arithmetischen Kalkül, im voraus, welche Ergebnisse aus ihrer Anwendung folgen. So ist z. B. die Annahme verlockend, daß die gesamte Arithmetik automatisch folgt, wenn ich (unter Voraussetzung der gegebenen Regeln) nur die ersten zehn Zahlen 0–9, die Addition und die Subtraktion und die Gleichheitsbeziehung definiert habe – es ist, als sei jede arithmetische Wahrheit (und Falschheit) in diesen grundlegenden Regeln bereits ‚enthalten' oder festgelegt. Entsprechend scheinen Regeln etwas Unerbittliches an sich zu haben, das ganz unabhängig von meinem faktischen Tun dieses Tun richtig oder falsch sein läßt. (Jeder Schüler einer Klasse kann eine Reihe von Zahlen mit verschiedenen Methoden addieren, im Kopf, mit Hilfe der Finger, mit einem Taschenrechner oder einem Rechenstab, aber es wird nur eine einzige richtige Antwort auf die Additionsaufgabe geben, zu der nur diejenigen gelangen, die die relevanten arithmetischen Regeln korrekt befolgen; und diese Antwort war bereits richtig, *bevor* die Schüler überhaupt zu rechnen begannen.)

Folgende Schwierigkeit ergibt sich aus dem Begriff der Regelbefolgung: Einerseits garantiert das *Gefühl*, von einer Regel geleitet zu werden, nicht, daß man der Regel tatsächlich folgt, denn jemand kann eine Regel falsch anwenden und dennoch glauben, daß er sie befolgt; andererseits kann das regelgerechte Handeln einer Person bloßer Zufall sein, dann *folgt* diese Person gar nicht der Regel, es kann sogar sein, daß sie sie nicht einmal kennt. Aber für den Begriff der Regel und der Regelbefolgung scheint eben dies wesentlich zu sein: die Führungsfunktion der Regel und die Tatsache, daß die Befolgung einer Regel im *richtigen Verhalten* unter den relevanten Umständen besteht. Entsprechend versuchen laut Wittgenstein die Verfechter der Kalkültheorie, diese Merkmale der Regelbefolgung zu erklären und die mit ihnen verbundenen Schwierigkeiten zu überwinden, indem sie nach einer einheitlichen Darstellung dessen suchen, was der Regelbefolgung zugrunde liegt, und gewöhnlich nehmen sie zu diesem Zweck an, daß die Regelbefolgung ein innerer geistiger Prozeß sei; überdies bringen sie ihre Erklärung in Begriffen eines geistigen *Mechanismus*, nicht selten sogar eines *kausalen* Mechanismus vor. All das ist für Wittgenstein ein Fehler, und zwar aus den gleichen Gründen, die er gegen den Versuch einer einheitlichen Erklärung all dessen anführt, was mit Bedeutung und Verstehen zu tun hat, zumal wenn solche Erklärungen auf ,innere' oder ,verborgene' geistige Prozesse zurückgreifen.

Seine Einwände richten sich besonders vehement gegen das subjektive Gefühl, von einer Regel genötigt oder geführt zu sein. Das andere erwähnte Merkmal – die anscheinende ,Unabhängigkeit' von Regeln – legt laut Wittgenstein die irrige Annahme nahe, daß Regeln irgendwie zu *Objektivität* führen. Das arithmetische Beispiel veranschaulicht sehr gut, was damit gemeint ist: Die arithmetischen Regeln scheinen *im voraus* festzulegen, was an den Ergebnissen ihrer Anwendung richtig und was falsch ist. Es gibt nur eine einzige richtige Antwort auf die arithmetische Frage ,56897 + 54214 = ?', und in gewissem Sinn ist diese Antwort schon *da*, festgelegt durch das, was die Regeln erlauben, noch bevor wir anfangen zu rechnen. Wir überprüfen die Richtigkeit unserer Anwendung der Regeln, indem wir bestimmen, was diese Regeln besagen; damit scheinen die durch die Regeln vorgegebenen Standards der Richtigkeit unabhängig von unserer Befolgung dieser Regeln zu sein, denn sie hängen nicht davon ab, daß wir die Regeln so anwenden, wie sie es vorschreiben.

Natürlich hängen die beiden Merkmale der Regel, auf die sich die Kalkültheorie konzentriert, miteinander zusammen: Es ist die Äußerlichkeit oder ‚Objektivität‘ der Regeln, die uns das Gefühl gibt, von ihnen geleitet oder geführt zu werden. Zusammengenommen führen diese beiden Charakteristika zur Annahme, daß Regeln so etwas wie Gleise sind, auf denen wir uns in einer festgelegten Richtung bewegen (PU, § 218), oder so etwas wie eine Maschine, die in einer festgelegten und selbst festlegenden Weise arbeitet (PU, §§ 193–94). Wittgensteins Einwand gilt nicht der Tatsache, daß Regeln *führen* oder für *Richtigkeit* verantwortlich sind; er wendet sich vielmehr gegen die Modelle der ‚Gleise‘ oder ‚Maschine‘ selbst, und zwar weil sie aus dem Geführtwerden etwas Zwingendes machen und aus dem Richtigkeitsstandard etwas ‚Äußeres‘ und ‚Objektives‘. Wittgenstein weist auf die ganz entscheidende Tatsache hin, daß unsere *kollektive Anwendung einer Regel* diese Regel überhaupt erst *ausmacht*. Die Regelbefolgung ist eine allgemeine Praxis, die durch Übereinstimmung, Brauch und Übung zustande kommt. Obgleich Regeln uns tatsächlich leiten und uns Maßstäbe für Richtigkeit an die Hand geben, sind sie doch nicht unabhängig von uns und stellen somit keinen zwingenden Standard dar, der uns von außerhalb unserer Praxis der Regelbefolgung selbst aufgezwungen wird. Wittgenstein gibt ein Beispiel: Stellen wir uns einen Wegweiser an einer Kreuzung oder Abzweigung vor. Der Wegweiser sagt uns, welche Richtung wir einschlagen müssen, aber er zwingt uns nicht, in diese Richtung zu gehen; seine Führungsfunktion gründet auf der Tatsache eines schon bestehenden Brauchs, einer allgemeinen Praxis des Gebrauchs von Wegweisern und des Verständnisses ihrer Funktion. Und genau das müssen wir unter einer ‚Regel‘ im Fall der Sprache verstehen: „Eine Regel steht da, wie ein Wegweiser.“ (PU, § 85, vgl. auch § 198)

Der Schlüsselbegriff ist hier der des Brauchs. Jemand richtet sich nur insofern nach einem Wegweiser, sagt Wittgenstein, „als es einen ständigen Gebrauch, eine Gepflogenheit gibt.“ (PU, § 198) „Die Anwendung des Begriffs »einer Regel folgen« setzt eine Gepflogenheit voraus." (*Bemerkungen über die Grundlagen der Mathematik*, S. 322) Mit dem Begriff der Gepflogenheit (anderswo werden die Begriffe ‚Institution', ‚Brauch', ‚Praxis' verwendet) will Wittgenstein auf eine Reihe von Punkten aufmerksam machen, von denen zwei besonders wichtig sind. Der eine besteht in der nunmehr vertrauten Behauptung, daß die Regelbefolgung, anders als in der Kalkültheorie, keine innere geistige Tätigkeit ist, nichts Verborgenes, sondern etwas ganz Öffentliches; wenn jemand einen Wegweiser sieht und in die Richtung geht, in die er zeigt, dann befolgt er nicht innerlich eine Regel, um dann in einem zweiten, kausal folgenden oder mit dem ersten, inneren ‚Schritt' verknüpften zweiten Schritt entsprechend zu handeln. Er schlägt die Richtung ein, in die der Wegweiser zeigt, und genau das *ist* die Befolgung der fraglichen Regel. Einer Regel folgen ist überhaupt kein mysteriöses Verhalten, es *zeigt* sich in unserer Praxis, es ist *manifest*. Um Regeln und die Befolgung von Regeln zu verstehen, müssen wir bloß an all das denken, was uns in unseren ganz verschiedenen Arten normativen Verhaltens schon vertraut ist (beim Schachspielen, beim Kochen nach einem Rezept, beim Rechnen usf. ebenso wie bei unserem Gebrauch von Sprache in den vielen verschiedenen Sprachspielen, die es gibt). Der zweite Punkt ist folgender: Die Befolgung einer Regel ist im Kern eine soziale Praxis, die nur in einer Gemeinschaft möglich ist, und sie besteht in einer *Übereinstimmung* innerhalb der Gemeinschaft, die die Regeln aufstellt, denen wir folgen. „Das Wort »Übereinstimmung« und das Wort »Regel« sind miteinander *verwandt"*, sagt Wittgenstein, „sie sind Vettern. Lehre ich Einen den Gebrauch des einen Wortes, so lernt er damit auch den Gebrauch des andern." (PU, § 224) Daß die Befolgung einer Regel im Kern eine gemeinschaftsgebundene Tätigkeit ist, heißt auch, daß es so etwas wie die ‚private' Befolgung einer Regel nicht geben kann. Es kann keinen Robinson Crusoe geben, der eine bestimmte Regel festlegt und sie anschließend befolgt, denn ein solcher Mensch könnte von der einen zur nächsten Gelegenheit gar nicht wissen, ob er tatsächlich der Regel gefolgt ist. Er mag zwar sehr wohl *glauben*, daß er eben dies getan hat, aber er hat keinerlei Mittel, das auch zu überprüfen. Ob jemand einer Regel folgt oder nicht, hängt von der Verfügbarkeit öffentlicher Kriterien für die Regelbefolgung ab: „Darum ist »der Regel folgen« eine Praxis. Und der Regel zu folgen *glauben* ist nicht: der Regel folgen. Und darum kann man nicht der Regel »privatim« folgen, weil sonst der Regel zu folgen glauben dasselbe wäre, wie der Regel folgen." (PU, § 202) (Ich komme später noch auf die für Wittgenstein wichtigen Begriffe der Privatheit und des ,Kriteriums' zurück.)

Wittgenstein besteht nicht nur auf der gemeinschaftlichen, auf Übereinstimmung gründenden Natur von Regeln und Regelbefolgung, sondern auch darauf, daß die Idee des ,Brauchs' durchaus buchstäblich zu nehmen ist als etwas Regelmäßiges, Wiederholtes, Eingespieltes. Er sagt: „Die Anwendung des Begriffs »einer Regel folgen« setzt eine Gepflogenheit voraus. Daher wäre es Unsinn zu sagen: einmal in der Geschichte der Menschheit sei jemand einer Regel gefolgt (oder einem Wegweiser, habe ein Spiel gespielt, einen Satz ausgesprochen, oder einen verstanden; usf.)." (*Bemerkungen über die Grundlagen der Mathematik*, S. 322 f.)

Regeln beruhen auf den übereinstimmenden und akzeptierten Praktiken einer Gemeinschaft, und deshalb, sagt Wittgenstein, stellen sie ihre eigene Rechtfertigung dar. Der einzige äußere oder objektive Faktor bei der Regelbefolgung liegt in der Beschränkung aufgrund der Tatsache, daß jemand einer gegebenen Regel *nicht* folgt, wenn seine Handlung in diesem Fall nicht mit der Praxis der Gemeinschaft übereinstimmt. Darin unterscheidet sich Wittgensteins spätere Ansicht von der des *Tractatus*, derzufolge der Sprache etwas gegenübersteht – die Welt, die Tatsachen –, was ihre objektive Beschränkung ausmacht. In den *Untersuchungen* hält Wittgenstein die Suche nach einer äußeren Rechtfertigung oder Begründung unserer Praxis für einen Fehler. Die Rechtfertigung oder Begründung liegt in unserer Praxis selbst. In einem ähnlichen Zusammenhang sagt Wittgenstein: „Die Begründung ... kommt zu einem Ende; – das Ende aber ist ... unser *Handeln*, welches am Grunde des Sprachspiels liegt." (*Über Gewißheit*, § 204) Damit kann er weiter sagen, daß die Befolgung einer Regel etwas ist, das wir ohne nachzudenken tun (*Bemerkungen über die Grundlagen der Mathematik*, S.422), ja sogar blind: „Ich folge der Regel *blind*." (PU, § 219) Man kann sich das etwa am Schachspiel verdeutlichen. Es gibt keine Antwort auf die Frage, weshalb der König immer nur ein Feld ziehen darf, denn wenn man *Schach* spielt, ist das eben die Regel. Wittgenstein hält die Regelbefolgung daher für ein gewohnheitsmäßiges Verhalten, in das wir schon früh durch unsere Sprachgemeinschaft eingeübt werden: „Einer Regel folgen, das ist analog dem: einen Befehl befolgen. Man wird dazu abgerichtet …" (PU, § 206) Und im *Blauen Buch*: „Die Kinder lernen die Sprache, indem sie zu ihrem Gebrauche erzogen werden … Dieses Lernen der Sprache ist wesentlich eine Abrichtung…" (S.117)

## d) ‚Lebensformen', Privatsprache und Kriterien

Nehmen wir die Überlegungen der beiden vorangegangenen Abschnitte zusammen, dann können wir Wittgensteins Theorie der Bedeutung und des Verstehens folgendermaßen beschreiben: Die Bedeutung eines Ausdrucks ist das, was wir verstehen, wenn wir diesen Ausdruck verstehen. Verstehen heißt, den Gebrauch eines Ausdrucks über die Grenzen der verschiedenen Sprachspiele hinweg zu kennen, in denen er vorkommt. Seinen Gebrauch kennen heißt, über eine Fähigkeit zu verfügen, nämlich über die Fähigkeit, die Regeln für die Verwendung des Ausdrucks in diesen verschiedenen Sprachspielen zu befolgen. Regelbefolgung ist kein geheimnisvoller innerer Prozeß, in dem so etwas wie ein Kalkül begriffen wird, der objektive Richtigkeitsstandards vorgibt; vielmehr ist sie eine Praxis, die eingebettet ist in die Gebräuche und Übereinstimmungen innerhalb einer Gemeinschaft, und damit ist die Regelbefolgung eine im wesentlichen öffentliche Angelegenheit. Regeln führen in der Tat, und sie bieten uns auch gewisse Richtigkeitsstandards, aber möglich ist das nur, weil sie auf Übereinstimmung gründen; eine Regel korrekt befolgen heißt, sich an die vorgegebenen Praktiken der Gemeinschaft zu halten. Die Fähigkeit zur Verwendung von Ausdrükken – die Fähigkeit, den Regeln für ihre Verwendung zu folgen – erwerben wir, indem wir zu Mitgliedern dieser Gemeinschaft erzogen werden.

In dieser kurzen Zusammenfassung sollte deutlich werden, daß zwischen den Begriffen der Bedeutung, des Verstehens, des Gebrauchs und der Regel eine Verbindung besteht und daß sie in der Übereinstimmung innerhalb einer Gemeinschaft von Sprechern verankert sind. Damit soll aber nicht etwa gesagt sein, daß man Ausdrücke *je für sich* verstehen kann, denn nach Wittgensteins Auffassung hat es überhaupt keinen Sinn zu sagen, jemand verstehe nur diesen einen Satz oder nur diese paar Sätze, oder er befolge nur diese eine Regel oder diese paar Regeln. Irgendeinen gegebenen Satz verstehen heißt, die Sprachspiele zu verstehen, von denen dieser Satz ein Teil ist; eine Regel befolgen bedeutet dementsprechend, die *Praxis* der Regelbefolgung selbst zu beherrschen.

Ein ganz naheliegendes Problem in Wittgensteins Erklärung von Bedeutung und Verstehen liegt in folgendem: Wenn die Verwendungsregeln einer Sprache das Ergebnis der Übereinstimmung zwischen den Mitgliedern der Sprachgemeinschaft sind und wenn keine äußeren Beschränkungen der Sprachverwendung in Form ‚der Tatsachen‘ oder ‚der Welt‘ gegeben sind – folgt daraus, daß auch *Wahrheit* nichts als ein Ergebnis unserer Übereinstimmung ist? Wittgenstein ist sich dieses Problems bewußt, und er hat auch eine Antwort: „»So sagst du also, daß die Übereinstimmung der Menschen entscheide, was richtig und was falsch ist?« – Richtig und falsch ist, was Menschen *sagen;* und in der *Sprache* stimmen die Menschen überein. Dies ist keine Übereinstimmung der Meinungen, sondern der Lebensform." (PU, § 241)

Dieser letzte Begriff, der Begriff der ‚Lebensform‘, spielt eine wichtige Rolle in Wittgensteins Spätphilosophie, denn auf die ‚Lebensform‘ greift er immer dann zurück, wenn seine Untersuchungen einen Punkt erreichen, an dem andere Philosophen in der Regel der Versuchung nicht widerstehen können, nach tieferen und grundlegenderen Rechtfertigungen für die Begriffe zu suchen, in denen wir denken und sprechen. Mit ‚Lebensform' meint Wittgenstein folgendes: Lebensform ist der zugrundeliegende Konsens in sprachlichem und nichtsprachlichem Verhalten, in Annahmen, Praktiken, Traditionen und natürlichen Neigungen, die Menschen als soziale Wesen miteinander teilen, und dieser Konsens ist damit in der von ihnen gesprochenen Sprache bereits vorausgesetzt. Die Sprache ist in dieses Muster menschlichen Tuns und menschlicher Eigenart hineinverwoben, und ihre Ausdrücke haben Bedeutung durch die gemeinsame Grundhaltung und die gemeinsame Natur ihrer Sprecher (vgl. PU, §§ 19, 23, 241; PU II, S. 489 f., 572 f.). Eine Lebensform besteht also in den übereinstimmenden natürlichen und sprachlichen Haltungen einer Gemeinschaft, die in übereinstimmende Definitionen und Urteile und damit in übereinstimmendes Verhalten münden. Das ‚Fundament' der Praktiken, aus denen der Sprachgebrauch besteht, ist die Lebensform, in die diese Sprache hineinverwoben ist, und daraus folgt für Wittgenstein, daß Fragen der letzten Erklärung oder Begründung der Begriffe, die in unserem Denken und Sprechen Form annehmen, sehr bald *an ein Ende kommen*. Unsere Verwendungen dieser Ausdrücke sind nur in der gemeinsamen Lebensform begründet, die ihnen zugrunde liegen, und mehr ist dazu nicht zu sagen: Es braucht und es kann dazu nichts weiter gesagt werden. Die Lebensform ist der Bezugsrahmen, in dem wir uns zu bewegen lernen, wenn wir die Sprache unserer Gemeinschaft lernen; diese Sprache lernen heißt somit, die Einstellungen, Überzeugungen und Praktiken lernen, mit denen diese Sprache untrennbar verbunden ist und von welchen her ihre Ausdrücke erst Sinn bekommen. Hier liegt der Grund, weshalb Erklärungen und Rechtfertigungen nicht über den Verweis auf die Lebensform hinausgehen müssen oder auch nur können: „Habe ich die Begründungen erschöpft, so bin ich nun auf dem harten Felsen angelangt, und mein Spaten biegt sich zurück. Ich bin dann geneigt zu sagen: »So handle ich eben«." (PU, § 217) „Das Hinzunehmende, Gegebene – könnte man sagen – seien *Lebensformen*." (PU II, S. 572)

Der Begriff der Lebensform ist eng mit der *wesentlich* öffentlichen Natur der Sprache nach Wittgenstein verknüpft, ein Gedanke der Spätphilosophie, der sich, wie wir gesehen haben, aus der Verwerfung der Idee ergibt, Bedeutung und Verstehen – und damit auch Regelbefolgung – seien ‚innere‘, ‚verborgene‘ geistige Zustände oder Prozesse. Wittgenstein bringt in diesem Zusammenhang ein bislang noch nicht erwähntes Argument vor, das in der Forschungsliteratur zu den *Philosophischen Untersuchungen* große Bedeutung gewonnen hat. Die Rede ist vom ‚Privatsprachenargument‘, demzufolge es unmöglich so etwas wie eine Sprache geben kann, die von einem einzigen Menschen erfunden wurde und nur von diesem verstanden werden kann. Diese Unmöglichkeit folgt unmittelbar aus Wittgensteins Auffassung des *wesentlich* öffentlichen Charakters der Sprache, eine Ansicht, die sich aus allen oben erörterten Betrachtungen Wittgensteins ergibt. In den Abschnitten 243–363 der *Untersuchungen* behandelt Wittgenstein die Frage der Privatsprache noch aus einem anderen wichtigen Grund mit großer Ausführlichkeit. In der philosophischen Überlieferung seit Descartes wird nämlich die Auffassung vertreten, daß der Ausgangspunkt für all unser Wissen und all unsere Erklärungen in unserer unmittelbaren Kenntnis unserer eigenen Erfahrung und unserer eigenen Bewußtseinszustände zu suchen sei. Descartes' Ausgangspunkt ist entsprechend die Erkenntnis des ‚Ich denke‘, die mich meines ‚Ich bin‘ gewiß sein läßt; die Empiristen beginnen mit der sinnlichen Erfahrung und unserer Reflexion auf diese Erfahrungen, die die Grundlage für unsere Überzeugungen bezüglich der Existenz der äußeren Dinge und des Bewußtseins anderer bilden. Von solchen Ansichten her ist eine private Sprache sehr wohl möglich, denn sie erlauben den Gedanken (ja sie *beginnen* in manchen Fällen sogar mit ihm), daß ein ‚geborener Robinson Crusoe‘ durch private, innere ostensive oder hinweisende Definitionen, die Worte mit Erfahrungen verbinden, eine Sprache erschafft. In ähnlicher Weise ist die Idee einer Privatsprache in unserer gewöhnlichen Auffassung darüber angelegt, wie in unserer Sprache Ausdrücke für unsere ganz eigenen, privaten Schmerzen, Stimmungen, Gefühle etc. möglich sind: Niemand anderer hat Zugang zu solchen privaten Zuständen, solange ich ihnen nicht sprachlich oder im Verhalten Ausdruck verleihe; niemand anderer kann *meine* Stimmungen oder Schmerzen erfahren oder auch nur deren Existenz erkennen, wenn ich selbst es nicht will. Hier liegt der Grund für unsere Annahme, daß wir unsere Empfindungen mit Hilfe eines inneren Hinweises ‚benennen‘, etwa so, als ob wir wie bei Bauchschmerzen ‚nach innen zeigen‘ und sagen: ‚Das sind Bauchschmerzen‘. Daher glauben wir, daß ein einzelner Mensch eine Sprache konstruieren könne, mittels derer er sich mit sich selbst über sein *prinzipiell* für andere unzugängliches Innenleben und seine Empfindungen unterhalten könne; ‚prinzipiell‘ heißt dabei, daß eine solche Sprache nicht einfach ein Geheimcode ist, den faktisch kein anderer versteht, der aber, wie der Code von Enigma oder das stenographisch verschlüsselte Tagebuch von Pepys, geknackt werden *könnte*, sondern ‚prinzipiell‘ heißt hier, daß eine solche Sprache von niemandem außer ihrem Sprecher verstanden werden *kann*. Kurz gesagt wäre das eine Sprache, die *logisch* nur ihrem Sprecher zugänglich ist.

Gegen diese Konzeption einer *logisch* privaten Sprache wendet sich Wittgenstein in den erwähnten Abschnitten der *Untersuchungen*. Den Hauptgrund dafür haben wir bereits genannt: Eine Sprache verstehen bedeutet, die Fähigkeit besitzen, die Regeln ihrer Verwendung zu befolgen, und es gibt keine private Befolgung einer Regel, weil es in diesem Fall keinen Unterschied gäbe zwischen der tatsächlichen Befolgung der Regel und dem – unter Umständen irrigen – *Glauben*, daß man einer Regel folgt (PU, § 202). Aber es gibt noch andere Gründe. Wie wir gesehen haben, bedeutet das Sprechen einer Sprache für Wittgenstein die Teilhabe an einer Lebensform; an einer Lebensform teilhaben heißt, dazu erzogen zu werden, und eine solche Erziehung muß ganz offensichtlich in einer gewissen Öffentlichkeit vor sich gehen, denn sonst wäre sie keine Erziehung zur *Teilhabe* an der Lebensform, die der Sprache erst Bedeutung verleiht (vgl. PU, §§ 244, 257, 283). Daraus folgt, daß in Wahrheit weder die

‚private' Erfahrung noch die Sprache, in der wir über diese Erfahrungen sprechen, *privat* ist. Es muß *öffentliche Kriterien* für die Verwendung von Ausdrücken für Schmerzen, Stimmungen usf. geben, damit es solche Ausdrücke überhaupt geben kann, und in der Tat gibt es diese Kriterien auch. Wir können uns das nach Wittgenstein z. B. klar machen, indem wir uns vergegenwärtigen, wie wir das Wort ‚Schmerz' verwenden, wenn wir über uns selbst sprechen. Nach der von ihm verworfenen Auffassung ist ‚Schmerz' der Name für eine gewisse Art von Empfindung, und wir verleihen dieser Art von Empfindung durch einen inneren Akt des Hinweisens diesen bestimmten Namen. Aber wie wir oben gesehen haben, funktioniert eine solche ostensive Definition nur im Kontext einer zuvor schon verstandenen Konvention oder eines Sprachspiels, in dem hinweisen, einen Laut äußern usw. von den Teilnehmern an diesem Sprachspiel als Prozeß der Benennung eines bestimmten Etwas erkannt und anerkannt werden. Hier jedoch kann von einem solchen schon bestehenden Sprachspiel gar keine Rede sein. ‚Schmerz' ist nicht durch Ostension mit der entsprechenden Art von Empfindung verknüpft, und deshalb *bezeichnet* dieser Ausdruck *überhaupt nicht*; ‚Schmerz' ist keine Bezeichnung. Wie hängt dieser Ausdruck aber dann mit den Empfindungen zusammen, für die wir ihn verwenden? Eine Möglichkeit, sagt Wittgenstein, besteht darin, daß das *Sprechen* vom Schmerz ein erlernter Ersatz für den *natürlichen Ausdruck* durch Stöhnen u. ä. ist (PU, §§ 245, 256–7). „Ein Kind hat sich verletzt, es schreit; und nun sprechen ihm die Erwachsenen zu und bringen ihm Ausrufe und später Sätze bei." (PU, § 244) Der Gedanke ist folgender: Was wir gewöhnlich für private Zustände und Prozesse halten (Schmerz, Ärger usf.), sind Züge unserer menschlichen Natur, die sich auf natürliche Weise im Verhalten ausdrücken (ein Baby kann uns auch ohne Sprache seinen Schmerz oder seinen Ärger mitteilen). Und die sprachlichen Mittel, die wir benutzen, um über sie zu sprechen, sind ein öffentlich erlernter Ersatz für diese natürlichen Ausdrücke im Verhalten.

Damit sind unsere Verwendungen von sprachlichen Ausdrücken

für unseren eigenen Schmerz und unsere Verwendungen solcher Ausdrücke für den Schmerz anderer miteinander verknüpft. Nach einer herkömmlichen Ansicht halten wir uns über die Analogie zu unserem eigenen Fall für berechtigt, anderen unter den entsprechenden Umständen Schmerz oder verwandte ‚innere‘ Zustände zuzuschreiben: Wenn ich mir in den Finger schneide und blute, stöhne und innerlich Schmerz empfinde, schließe ich, daß der andere, wenn er sich in den Finger schneidet, in sich ebenfalls Schmerz empfinden muß. Aber dieses ‚Analogieargument‘ ist ausgesprochen schwach; es sichert nicht logisch meinen Schluß auf den inneren Zustand des anderen, denn der andere kann sich verstellen oder schauspielern oder gar ein klug konstruierter Roboter sein, der gar nichts empfindet. Hier liegt die Quelle des Skeptizismus in bezug auf das Fremdpsychische: Wenn das ‚Analogieargument‘ nicht greift, wie kann ich mich dann für berechtigt halten zu der Überzeugung, daß es im Universum noch anderes Bewußtsein außer meinem eigenen gibt? Wittgensteins Auffassung stellt eine Antwort auf dieses Problem dar. Die Regeln für die Verwendung von ‚Schmerz‘ und von anderen psychologischen Ausdrücken sind öffentlich, sagt er, und gelten ganz gleich, wenn die Rede von mir und wenn die Rede von anderen ist; es gibt keine zwei verschiedenen Mengen von Regeln für solche Ausdrücke, eine für Ausdrücke in der Selbst- und eine zweite für Ausdrücke in der Fremdzuschreibung in bezug auf die fraglichen Zustände. Folglich komme ich zu meinen Gründen für die Behauptung, jemand anderer habe Schmerzen, indem ich sein Verhalten beobachte und zugleich die Regeln für den Gebrauch des Wortes ‚Schmerz‘ beherrsche.

Man darf diese Auffassung nicht einfach als ‚behavioristische‘ Theorie von der Art verstehen, die sagt, die Bedeutung von ‚Schmerz‘ *sei gar nichts anderes* als die Körperzeichen, aus denen Stöhnen, Verzerrung des Gesichts u. ä. bestehen. Vielmehr, sagt Wittgenstein, sind diese Zeichen ‚Kriterien‘ für die Anwendung des Wortes ‚Schmerz‘; *außerdem* weiß ich über dieses Verhalten auch noch, daß es verstellt, gespielt etc. sein kann. Dies zu verstehen ist Teil unseres Verständnisses der Rede von Schmerz. Dieses Verständnis vorausgesetzt, zeigen mir nun die Art, wie solche Verhaltensweisen in unsere Aktivitäten und Praktiken verwoben werden, und die Beziehung dieser Praktiken zu unserer Natur, in welchem Fall ich angemessen sagen kann, daß ein anderer Schmerzen habe (und ebenso, wann ich sagen kann, daß es sich um einen Fall von Täuschung etc. handelt).

Über Wittgensteins Begriff des ‚Kriteriums‘ ist viel diskutiert worden. Er steht für eine besondere Art der Rechtfertigung oder Stützung für die Verwendung eines Ausdrucks, eine Stützung, die so ziemlich in der Mitte zwischen einem deduktiven und einem induktiven Grund für die Verwendung von Ausdrücken liegt. Man kann sich das folgendermaßen verdeutlichen: ‚Deduktive Gründe‘ sind jene, aus denen *folgen* würde oder die *abschließend festlegen* würden, daß die Verwendung eines bestimmten Ausdrucks immer dann erfordert ist, wenn diese Gründe vorliegen, und zwar weil diese Gründe den vollständigen Sinn dieses Ausdrucks ausmachen. Ein Beispiel hierfür ist der schon erwähnte krude Behaviorismus. Für einen Anhänger dieser Auffassung folgt aus der die Tatsache, daß jemand stöhnt und das Gesicht verzieht, daß er Schmerzen hat. Diese Annahme ist jedoch viel zu stark, denn mit seiner Gleichsetzung der Gründe für die Aussage ‚er hat Schmerzen‘ mit der Bedeutung von ‚Schmerz‘ übersieht der Deduktivist andere Aspekte wie Verstellung etc., die zeigen, daß die Bedeutung des Wortes nicht als Begründung seiner Anwendung *definiert* werden kann.

‚Induktive Gründe‘ dagegen sind solche, bei denen das Stöhnen und Verzerren des Gesichts bloße Symptome oder Hinweise sind, aufgrund derer geschlossen werden könnte, daß jemand Schmerzen hat. Solche Hinweise gehören aber nicht selbst zur *Bedeutung* des Wortes ‚Schmerz‘, der nach Ansicht des Induktivisten etwas ist, das durch das Wort ‚Schmerz‘ bezeichnet wird, etwas, das der verborgenen Privatheit der Subjektivität einer Person zugehört, nämlich der inneren, privaten *Empfindung* von Schmerz. Nach Ansicht des Induktivisten ist die Verknüpfung zwischen Stöhnen einerseits und der inneren Erfahrung von Schmerz andererseits bloß zufällig.

Wittgensteins Rede von Kriterien soll sich zwischen diesen beiden Auffassungen bewegen. Ihm zufolge gehört das Verständnis der Rolle, die das Stöhnen und Verzerren des Gesichts (die Verhaltenszeichen) beim Ausdruck von Schmerz spielen, zu unserer Erfassung der *Bedeutung* des Wortes ‚Schmerz‘. Solche Zeichen sind nicht bloß zufällige Symptome des Schmerzes, aber sie sind auch keine deduktiven Gründe, um jemandem Schmerz zuzuschreiben, der stöhnt und das Gesicht verzieht, denn unser Verständnis von ‚Schmerz‘ schließt auch jene Fälle ein, in denen ein solches Verhalten *kein* Ausdruck von Schmerz ist. Kurz gesagt werden uns die Kriterien zur Zuschreibung von Schmerz durch das Sprachspiel gegeben, zu dem Schmerzzuschreibungen gehören, und wenn wir die Verwendung des Wortes ‚Schmerz‘ erlernen, erlernen wir die Praxis der Erfahrung, des Erkennens und des Sprechens über Schmerz.

Mit der Erörterung der Fragen der Privatsprache und des Schmerzes, der Stimmungen und anderer vermeintlich privater Geisteszustände kommen wir nun zu Wittgensteins Philosophie des Geistes oder, wie sie auch oft genannt wird, zu seiner ‚philosophischen Psychologie‘. Was Wittgenstein in diesem Zusammenhang zu sagen hat, ist eine sehr wichtige Folge seiner Ansichten über Bedeutung und Verstehen; für einige Interpreten findet sich hier sogar die *Grundlage* seiner Sprachphilosophie, und wir müssen uns nun auf jeden Fall etwas eingehender mit diesem Themenkomplex befassen.

## e) Geist und Wissen

Aus dem *Tractatus* verbannt Wittgenstein ‚psychologische Fragen‘, zu denen er Fragen bezüglich der Erfahrung und des Wissens zählt, als ‚empirisch‘ und damit als Teil nicht der Philosophie, sondern der Wissenschaft. Aus diesem Grund erwähnt er solche Dinge in seinem Frühwerk kaum. Ganz anders in der Spätphilosophie: Zusammen mit der Erörterung der Bedeutung spielen sie hier eine zentrale Rolle. Und das ist ganz und gar folgerichtig, denkt man daran, daß das

Verstehen der Bedeutung von sprachlichen Ausdrücken für Wittgenstein nicht in privaten geistigen Zuständen oder Prozessen besteht; sein Ansatz impliziert vielmehr, daß nicht nur mit dieser Auffassung des Verstehens, sondern schon mit der Idee ‚privater geistiger Zustände' *im allgemeinen* etwas nicht stimmt. Entsprechend wendet sich Wittgenstein schon im *Blauen Buch*, hauptsächlich aber in den *Philosophischen Untersuchungen*, in *Zettel* und in den anderen späteren Texten vehement gegen die Ansicht, daß die Begriffe der Erfahrung, des Denkens, des Empfindens, der Intention, der Erwartung usw. für etwas Inneres, Privates stehen, das nur dem Individuum zugänglich ist, das sie hat.

Wie schon gesagt, ist die von Wittgenstein attackierte Auffassung in der Geschichte der Philosophie seit Descartes die vorherrschende gewesen. In ihr wird der subjektiven Erfahrung zentrale Bedeutung beigemessen, und ihr zufolge sind wir direkt nur mit unseren eigenen privaten Bewußtseinszuständen vertraut, über deren Inhalte und Art wir ihrer Unmittelbarkeit wegen völlige Gewißheit besitzen. Diese Zustände, zu denen auch die Sinneserfahrungen gehören, bilden für uns den Ausgangspunkt für all unser Wissen und für alle unsere Überzeugungen, und zwar nicht nur in bezug auf uns selbst, sondern auch in bezug auf alles übrige, insbesondere in bezug auf die äußere Welt und das Bewußtsein anderer. Der Ausgangspunkt in der Philosophie Descartes' ist das Ich, dessen Existenz unmittelbar gewiß ist; für die Empiristen bilden die Sinneserfahrungen die fraglose Basis aller unserer Überzeugungen über die Welt. Dieser Auffassung nach ist mein Wissen über meine eigenen psychischen Zustände ganz und gar unproblematisch, was für das Wissen über andere Personen aber nicht gilt. Das liegt daran, daß sich die Wahrnehmung solcher Zustände bei anderen Personen – und in der Tat bereits die Berechtigung zur Annahme solcher Zustände außerhalb unserer selbst – bestenfalls auf an sich unzuverlässige Hinweise aufgrund offen zutage liegender Anzeichen, Verhaltensweisen etc. stützen kann, die wir bei anderen beobachten.

In seiner Argumentation gegen diese cartesianische These dreht

Wittgenstein das Problem um: Es ist gar nicht die Frage der Zuschreibung psychischer Zustände in der dritten Person, die problematisch ist, sagt er, denn solche Zuschreibungen erfolgen ja auf der ziemlich einsichtigen Grundlage öffentlicher Kriterien für die Verwendung psychologischer Begriffe, wie wir sie oben schon in Verbindung mit ‚Schmerz‘ kennengelernt haben. Einer genauen Untersuchung muß vielmehr der Fall der *ersten Person* unterzogen werden, denn hier, sagt Wittgenstein, wird von Descartes und anderen Philosophen ein grundlegender Fehler begangen: die Annahme nämlich, daß die Zuschreibung psychischer Zustände an die erste Person (‚Ich habe Schmerzen‘, ‚Ich erwarte, daß…‘, ‚Ich hoffe, daß…‘, ‚Ich möchte, daß…‘) *Berichte* oder *Beschreibungen* seien, die sich auf wesentlich private innere Vorgänge beziehen. Wittgenstein bestreitet, daß man Äußerungen dieser Art so verstehen kann; für ihn sind sie vielmehr Manifestationen oder Ausdrucksmomente, die einen Teil unseres Verhaltens bilden, und darauf werden die fraglichen psychologischen Begriffe angewendet. Der Schlüsselbegriff ist hier der Begriff des ‚Ausdrucks‘.

Was Wittgenstein mit ‚Ausdruck‘ meint, klärt er in seiner Betrachtung der Rede in der ersten Person über Schmerz. Im schon teilweise zitierten § 244 sagt er: „wie lernt ein Mensch die Bedeutung der Namen von Empfindungen? z. B. des Wortes »Schmerz«. Dies ist eine Möglichkeit: Es werden Worte mit dem ursprünglichen, natürlichen, Ausdruck der Empfindung verbunden und an dessen Stelle gesetzt. Ein Kind hat sich verletzt, es schreit; und nun sprechen ihm die Erwachsenen zu und bringen ihm Ausrufe und später Sätze bei. Sie lehren das Kind ein neues Schmerzbenehmen.“ Wittgenstein behauptet, wenn jemand sagt ‚Ich habe Schmerzen‘, dann sei das eine *Erscheinungsform* seines Schmerzes und nicht etwa ein äußeres Zeichen für etwas anderes, das innerlich vor sich geht; die Äußerung ist selbst Teil des Schmerzbenehmens. Sie ist ebenso ein Ausdruck von Schmerz wie das Stöhnen oder das Verziehen des Gesichts, aber sie ist ein erlernter Ersatz für diese ‚primitiveren‘ Ausdrucksformen. Wittgenstein sagt zwar: „Dies ist eine Möglichkeit“, woraus man schließen könnte, daß er noch andere Verständnismöglichkeiten der psychologischen Rede in der ersten Person annimmt, aber er verwendet den Begriff des ‚Ausdrucks‘ doch durchgängig in diesem Sinn. Über Wünschen, Erwarten und Erinnern, um nur drei Beispiele für psychologische Begriffe auszuwählen, sagt Wittgenstein: „Wir sind von Natur und durch eine bestimmte Abrichtung, Erziehung, so eingestellt, daß wir unter bestimmten Umständen Wunschäußerungen von uns geben." (PU, § 441) „Wenn Einer ... flüstert: »Es wird gleich losgehen«, so beschreiben doch seine Worte keine Empfindung; obgleich sie und ihr Ton eine Äußerung seiner Empfindung sein können." (PU, 582) „Die Worte, mit denen ich meine Erinnerung ausdrücke, sind meine Erinnerungsreaktion." (PU, § 343) Zum Wünschen gehört es also manchmal, auch zu sagen: ‚ich wünsche…‘, und manchmal gehört es zum Erwarten, auch zu sagen: ‚ich erwarte…‘ Erwartung kann auch anders ausgedrückt werden; man kann nervös sein, auf und ab gehen oder dauernd auf die Uhr schauen; aber wenn man sagt: ‚ich erwarte…‘, ist das gar nichts anderes, es ist ebenfalls ein Verhalten; noch viel weniger ist diese Äußerung ein Bericht oder eine Beschreibung des Erwartens – sie ist *Teil* des Erwartens. Natürlich ist das sprachliche Verhalten erlernt und deshalb komplexer als das ‚primitive‘ Verhalten etwa des Auf-und-ab-Gehens. Nach Wittgenstein eröffnet uns die Beherrschung der Sprache Zugang zu einer vielschichtigen Abstufung von Feinheiten, die einem sprachlosen Wesen nicht zu Gebote stehen: „Ein Hund glaubt, sein Herr sei an der Tür. Aber kann er auch glauben, sein Herr werde übermorgen kommen?" (PU II, S. 489) Aber der Unterschied zwischen sprachlichem und nichtsprachlichem Verhalten ist nur ein gradueller, kein prinzipieller; das Sprachverhalten ist eine Erweiterung der natürlichen Ausdrucksformen für Erwartung, Schmerz etc., die je nach Situation verschiedene Gestalten annehmen können, z. B. nervöses Auf-und-ab-Gehen oder Stöhnen.

Diese Auffassung der psychologischen Begriffe liegt natürlich darin begründet, daß sich die Bedeutung von Wörtern wie ‚Erwartung', ‚Schmerz' usw. nicht durch eine private ostensive, eine nach innen gerichtete, hinweisende Erklärung bestimmen läßt; das hatte für Wittgenstein das Privatsprachenargument eindeutig ergeben. Ihre Bedeutung ist vielmehr, wie bei allen anderen Wörtern auch, ihr Gebrauch, und über ihren Gebrauch entscheiden öffentlich festgelegte Regeln ihrer Verwendung in einer gemeinsamen Lebensform, von der die Möglichkeit dieser Übereinstimmung abhängt. Entsprechend einheitlich gestaltet sich die Anwendung psychologischer Begriffe; es gibt nicht eine Menge von Regeln für Anwendungen in der dritten Person und eine andere für Anwendungen in der ersten Person. Die Regeln sind dieselben und ebenso die öffentlichen Kriterien; ‚nichts ist verborgen'. Genau wie Zuschreibungen psychologischer Begriffe in der ersten Person Ausdrucksmomente von Schmerz, Erwartung etc. und damit selbst Teil des Schmerzbenehmens etc. sind, sind also ihre Zuschreibungen in der dritten Person Ausdrücke unseres Verhaltens *gegenüber anderen*: „Sicher sein, daß der Andre Schmerzen hat, zweifeln, ob er sie hat, usf., sind so viele natürliche instinktive Arten des Verhaltens zu den andern Menschen, und unsre Sprache ist nur ein Hilfsmittel und weiterer Ausbau dieses Verhaltens. (…) (Denn unser *Sprachspiel* ist Benehmen.)" (*Zettel*, § 545) Für Wittgenstein bedeutet das, daß ein Problem der Skepsis gegenüber dem ‚Fremdpsychischen', wie es die Philosophie seit Descartes so in Bann gehalten hat, gar nicht existiert, denn die obigen Erwägungen – über die öffentlichen Kriterien, die den Sinn psychologischer Begriffe ausmachen und damit unsere sichere Verwendung dieser Begriffe gewährleisten – zeigen, daß es für *sämtliche* von den Philosophen unserer Tradition für *wesentlich* ‚innerlich' gehaltenen Zustände äußere Kriterien gibt und geben muß. Weiter zeigen diese Überlegungen, daß man in einem ganz gewöhnlichen, offensichtlichen Sinn einfach nur buchstäblich zu *schauen* und zu *sehen* braucht, in welchem Zustand sich jemand befindet: „Das Bewußtsein in des Andern Gesicht. Schau ins Gesicht des Andern und sieh das Bewußtsein in ihm und einen bestimmten Bewußtseins*ton*. Du siehst auf ihm, in ihm, Freude, Gleichgültigkeit,

Interesse, Rührung, Dumpfheit, usf. (...) Schaust du in *dich*, um den Grimm in *seinem* Gesicht zu erkennen? Er ist dort so deutlich, wie in deiner eigenen Brust." (ebd. § 220) „Das Bewußtsein ist so deutlich in seinem Gesicht und Benehmen, wie in mir selbst." (ebd. § 221) „»Man *sieht* Gemütsbewegung.« – Im Gegensatz wozu? – Man sieht nicht die Gesichtsverziehungen und *schließt* nun (wie der Arzt, der eine Diagnose stellt) auf Freude, Trauer, Langeweile. Man beschreibt sein Gesicht unmittelbar als traurig, glückstrahlend, gelangweilt, auch wenn man nicht im Stande ist, eine andere Beschreibung der Gesichtszüge zu geben. – Die Trauer ist im Gesicht personifiziert, möchte man sagen. Dies gehört zum Begriff der Gemütsbewegung." (ebd. § 225)

Diese Einsichten zwingen uns nach Wittgenstein vor allem zur Überprüfung eines weiteren, sehr wichtigen philosophischen Begriffs, nämlich des Begriffs des *Wissens*. In der philosophischen Überlieferung galt als ausgemacht, daß der besondere Vorrang unserer Vertrautheit mit unseren eigenen psychischen Zuständen uns eine sichere Grundlage für alles andere bietet, was wir berechtigterweise zu wissen glauben oder jedenfalls glauben, annehmen zu dürfen. Denn nach der herkömmlichen Ansicht sind wir uns der Inhalte unserer eigenen Gedanken, Erfahrungen usf. gewiß, müssen aber von diesen aus mehr oder minder zweifelhafte Schlüsse auf all das ziehen, was außerhalb ihrer liegt. Im Gegensatz zu dieser Auffassung argumentiert Wittgenstein, daß eine solche Verwendung des Begriffs ‚Wissen' völlig falsch ist, und zwar aus folgendem Grund: Man kann nur *wissen*, was man sinnvoll *bezweifeln* kann, und da man immer dann, wenn man Schmerzen hat oder erwartet, einen Knall zu hören, nicht bezweifeln kann, *daß* man Schmerzen oder *daß* man diese Erwartung hat, kann man auch nicht behaupten zu *wissen*, daß man Schmerzen oder daß man diese Erwartung hat. Am besten können wir uns diesen Punkt durch einen Blick auf Wittgensteins Reaktion auf gewisse Thesen G. E. Moores zum Themenkomplex Wissen und Gewißheit verdeutlichen.

In seinem berühmt gewordenen Aufsatz mit dem Titel ‚Beweis

einer Außenwelt' geht Moore davon aus, daß es eine Reihe von Aussagen gibt, die er mit völliger Gewißheit als wahr ansehen kann. Eine davon ist die Aussage, daß er zwei Hände besitzt, und der ,Beweis' dafür (falls ein Beweis nötig ist), sagt er, ist einfach der, daß er seine Hände in die Höhe halten und vorzeigen kann. Ebenso können viele andere Aussagen mit Gewißheit als wahr gewußt werden. Moore nimmt hier kritisch Bezug auf Descartes' *Meditationen*, wo behauptet wird, daß man sich zwar immer, wenn man denkt, seiner Existenz als ,denkendes Ding' (als Geist) gewiß sein, daß man aber mit Recht bezweifeln könne, ob man ,Hände und einen Körper' besitze (vgl. Erste Meditation). In Moores Philosophie des ,gesunden Menschenverstandes' sind solche Zweifel sehr leicht zu widerlegen; der Beweis, daß wir Hände haben, besteht einfach darin, daß man seine Hände zeigt. Wittgenstein sympathisiert zwar mit Moores bodenständiger Art des Umgangs mit der cartesischen Auffassung über Wissen und Zweifel, sagt aber, daß sowohl Descartes wie Moore sich in ihrer Ansicht über Wissen und Zweifel im Irrtum befinden. Wie schon gesagt, liegt sein Grund darin, daß Wissensbehauptungen sinnlos sind, wo Zweifel sinnlos sind. Nur ganz ausnahmsweise unter bestimmten unglücklichen Umständen kann überhaupt die Frage sinnvoll gestellt werden, ob wir über Hände verfügen, und deshalb beinhaltet die Behauptung: ,Ich weiß, daß ich Hände habe' eine falsche Verwendung von ,wissen'. Wittgenstein geht hier von Erwägungen über die Natur des Zweifels und von seiner Ansicht bezüglich der ,Grundlagen' unserer gewöhnlichen Sprache und unseres alltäglichen Lebens aus. Sehen wir uns diese Erwägungen kurz an.

Zweifel, sagt Wittgenstein, ist selbst nur möglich im Zusammenhang eines Sprachspiels. Soll ein Zweifel bezüglich der Frage, ob ich über Hände verfüge, überhaupt verständlich sein, dann muß ich schon verstehen, was mit der Rede von ,Händen' und daß ich Hände ,habe' gemeint ist. Dieses Verständnis, das ja auf eben dem Sprachspiel gründet, das mich allererst verstehen läßt, schließt dann aber selbst schon aus, daß ich solche Zweifel sinnvoll hegen kann. Denn solche Zweifel hegen heißt nichts anderes, als genau die Voraussetzungen dafür in Frage zu stellen, daß die verwendeten Worte Bedeutung haben: „Daß ich ohne Skrupel das Wort »Hand« und alle übrigen Wörter meines Satzes gebrauche, ja, daß ich vor dem Nichts stünde, sowie ich auch nur versuchen wollte zu zweifeln – zeigt, daß die Zweifellosigkeit zum Wesen des Sprachspiels gehört…" (*Über Gewißheit*, §370) Ein Sprachspiel, erinnern wir uns, ist eine ‚Lebensform'; es ist eine Praxis oder eine Menge von Praktiken, zu denen Übereinstimmung in bezug auf die Regeln des Wortgebrauchs gehört. Aus Wittgensteins vertrauter Behauptung: „Unsere Rede erhält durch unsre übrigen Handlungen ihren Sinn" (ebd. §229) folgt: „Wer keiner Tatsache gewiß ist, der kann auch des Sinnes seiner Worte nicht gewiß sein." (ebd. §114) Das bedeutet nicht nur, daß ein Zweifel daran, ob man Hände hat, außer unter ganz und gar ungewöhnlichen Umständen, *innerhalb* des Sprachspiels gar keinen Sinn hat, es bedeutet auch, daß man das Sprachspiel nicht *als ganzes* oder von ‚außen' in Frage stellen kann: Das Sprachspiel als Lebensform ist ‚das Gegebene'. Wittgenstein betont, daß etwa ein Schüler im Geschichtsunterricht zuerst einmal das Sprachspiel akzeptieren muß, bevor er in Frage stellen kann, ob etwas wahr ist oder existiert hat (vgl. ebd. §§310–15). „Der Zweifel", sagt Wittgenstein, „kommt *nach* dem Glauben." (ebd. §160) Würde der Schüler ständig bezweifeln, daß die Welt überhaupt schon länger als ein paar Stunden oder Jahre existiert, könnte er nie und nimmer etwas über Geschichte lernen. Wittgenstein bezeichnet solche Zweifel als „hohl" (ebd. §312), denn in der Tat versuchen sie, das ganze Sprachspiel selbst unmöglich zu machen. Wäre aber das Sprachspiel unmöglich, dann hätte auch der Zweifel keinen Sinn: „Ein Zweifel, der an allem zweifelte, wäre kein Zweifel." (ebd. §450)

Ausgeschlossen werden durch diese Überlegungen Zweifel in bezug auf das, was für unser sprachliches und sonstiges Verhalten grundlegend ist. Wittgenstein sagt nicht, daß man nichts bezweifeln könne; selbstverständlich sind Zweifel möglich. Aber berechtigter Zweifel hat nur Sinn innerhalb eines Rahmens, der nicht selbst dem Zweifel unterworfen ist: „Das Spiel des Zweifelns selbst setzt schon die Gewißheit voraus." *(Über Gewißheit,* § 115) Moores Behauptung über seine Hände und entsprechend jede Behauptung über grundlegende Tatsachen in bezug auf die Existenz materieller Dinge, die ununterbrochene Geschichte der Welt usw. sind daher kein legitimer Gegenstand des Zweifels, denn sie bilden den Bezugsrahmen für unser gesamtes Handeln. „Mein *Leben*", sagt Wittgenstein, „besteht darin, daß ich mich mit manchem zufriedengebe." (ebd. § 344) „Mein Leben zeigt, daß ich weiß oder sicher bin, daß dort ein Sessel steht, eine Tür ist usf." (ebd. § 7) Moore und die anderen Philosophen, die sich in diesen Fragen der cartesianischen Tradition anschließen, irren sich also nach Wittgensteins Ansicht, weil sie nicht sehen, daß sie gar nicht *wissen* können, was sie zu wissen behaupten: „Ich möchte sagen: Moore *weiß* nicht, was er zu wissen behauptet, aber es steht für ihn fest, so wie auch für mich; es als feststehend zu betrachten, gehört zur *Methode* unseres Zweifelns und Untersuchens." (ebd. § 151) „Wenn Moore sagt, er *wisse* das und das, so zählt er wirklich lauter Erfahrungssätze auf, die wir ohne besondere Prüfung bejahen, also Sätze, die im System unsrer Erfahrungssätze eine eigentümliche logische Rolle spielen." (ebd. § 136)

Der Gedanke der ‚Prüfung' und der ‚eigentümlichen logischen Rolle' gewisser Sätze findet Entsprechungen in anderen späten Äußerungen Wittgensteins in bezug auf die miteinander zusammenhängenden Tatsachen, daß Gründe haben und Begründungen geben irgendwo an ein Ende kommen müssen. Und zwar enden sie in der Lebensform, die das Sprachspiel ausmacht; dies ist der Rahmen, der unserem Handeln erst Verständlichkeit gibt. Unsere Überzeugungen können wir nur vor einem Hintergrund von Überzeugungen prüfen, die selber nicht zu überprüfen sind: „die *Fragen*, die wir stellen, und unsre *Zweifel* beruhen darauf, daß gewisse Sätze vom Zweifel ausgenommen sind, gleichsam die Angeln, in welchen jene sich bewegen." *(Über Gewißheit,* § 341) Die ausgenommenen sind die ‚grammatischen' Sätze, d. h. diejenigen Sätze, die den Rahmen unserer Sprache und unseres Verhaltens bilden, und sie bilden auch das System, innerhalb dessen sich jede Prüfung vollziehen muß (vgl.

ebd. §§ 83, 90–2, 105). Die in diesen Sätzen ausgedrückten Überzeugungen werden von Wittgenstein auf verschiedene Weisen beschrieben, um ihre grundlegende Rolle zu veranschaulichen. Unsere Bindung an sie, sagt er, gehöre zu unsrer Natur (ebd. § 359); ihre besondere Rolle in unserem „Bezugssystem" (ebd. § 83) bestehe darin, daß sie ein „Substrat" (ebd. § 162) oder ein „Gerüst" (ebd. § 211) unserer gewöhnlichen, überprüfbaren Überzeugungen seien.

Wittgenstein sagt zwar, daß diese Überzeugungen das „Fundament" unserer Sprachspiele bilden *(Über Gewißheit*, §§ 401, 411, 415), aber er meint mit diesem Ausdruck nicht das, was Philosophen gewöhnlich darunter verstehen. Normalerweise gelten ‚grundlegende Annahmen' als solche, die unveränderlich und dauerhaft sind; so behaupten manche Philosophen, daß es Annahmen gibt, die die logisch notwendige Voraussetzung für *alles* bilden, was als Gedanke oder Erfahrung gelten kann, so daß sogar Marsbewohner oder Götter diese Annahmen teilen müßten, wenn sie überhaupt an etwas teilhaben wollen, das wir als Erfahrung bezeichnen können. Nach Wittgenstein jedoch sind die fundamentalen Annahmen nur *relativ* grundlegend – sie sind einem Flußbett vergleichbar, das festlegt, welchen Verlauf das Wasser nimmt (ebd. § 96–9). Bett und Ufer des Flusses werden im Laufe der Zeit ausgewaschen und abgetragen und verlagern sich, aber das ist ein sehr langsamer Prozeß, und aus der Perspektive unseres gewöhnlichen Sprechens und Tuns sind die grundlegenden Überzeugungen durchaus „feststehend" (ebd. § 151). Der entscheidende Punkt ist aber, daß die grundlegende Rolle der ‚grammatischen' Sätze in ihrer Zweifellosigkeit in der *Praxis*, im *Handeln* liegt: „[E]s gehört zur Logik unsrer wissenschaftlichen Untersuchungen, daß Gewisses *in der Tat* nicht angezweifelt wird." (ebd. § 342)

Das Fazit von Wittgensteins Betrachtungen über Zweifel und Gewißheit enthält die rhetorische Frage: „Kann man sagen: »Wo kein Zweifel, da auch kein Wissen«?" *(Über Gewißheit*, § 121) Damit soll die cartesianische Ansicht erschüttert werden, daß Wissen in der ersten Person *Wissen* ist, und Wittgenstein will damit zugleich seine

Zurückweisung der Auffassung stützen, daß den privaten geistigen Zuständen eine privilegierte Stellung zukomme, in denen Philosophen die Quelle nicht nur des Wissens, sondern auch der Bedeutung und des Verstehens sehen wollten. Unsere Darstellung von Wittgensteins Überlegungen zum Thema ‚Wissen‘ bezog sich zwar auf *Über Gewißheit*, ein Werk, das diese Fragen später und ausführlicher als die *Philosophischen Untersuchungen* behandelt, aber die Grundzüge dieser Auffassung finden sich in allen seinen späteren Werken immer dann, wenn es Wittgenstein darum geht zu zeigen, daß psychologische Begriffe nicht auf wesentlich Privates anwendbar sind. Ein kleines Selbstgespräch in den *Philosophischen Untersuchungen* macht das noch einmal sehr deutlich:

„Inwiefern sind meine Empfindungen *privat*? – Nun, nur ich kann wissen, ob ich wirklich Schmerzen habe; der Andere kann es nur vermuten. – Das ist in einer Weise falsch, in einer andern unsinnig. Wenn wir das Wort »wissen« gebrauchen, wie es normalerweise gebraucht wird (und wie sollen wir es denn gebrauchen!), dann wissen es Andre sehr häufig, wenn ich Schmerzen habe. – Ja, aber doch nicht mit der Sicherheit, mit der ich selbst es weiß! – Von mir kann man überhaupt nicht sagen (außer etwa im Spaß), ich *wisse*, daß ich Schmerzen habe. Was soll es denn heißen – außer etwa, daß ich Schmerzen *habe*?“ (PU, §246)

## f) Einige Überlegungen und Anmerkungen

Wie die vorhergehenden Kapitel zeigen, ist Wittgensteins spätere Philosophie ein komplexes Netz zusammenhängender Themen. Die zugrundeliegende Absicht seines Denkens ist jedoch ganz klar, und seine Schlüsselbegriffe – Gebrauch, Regeln, Sprachspiele usw. – treten in allen späteren Schriften Wittgensteins (einschließlich der *Bemerkungen über die Grundlagen der Mathematik*) so deutlich hervor, daß sie leicht erkennbar sind und auch leicht zu sehen ist, welche

Funktion sie in etwa erfüllen sollen. Ich möchte jetzt noch einige kurze Überlegungen zu Wittgensteins Spätphilosophie und zu dessen zentralen Begriffen anstellen. Viele Einzelpunkte würden dabei eine genauere Reflexion erfordern, ich will mich jedoch hier auf einige strategische Bemerkungen zu Wittgensteins Hauptargumenten beschränken.

Einem kritischen Leser der späteren Werke fällt sofort auf, daß Wittgensteins Hauptbegriffe entweder vage oder metaphorisch oder beides sind. Die Idee des ‚Spiels‘ ist eine Metapher, die Rede von ‚Gebrauch‘ und ‚Lebensformen‘ ist ungenau. Natürlich ist das Absicht, denn Wittgensteins Methode bestand ja darin, eine systematische Theorie zu vermeiden und statt dessen die *Vielfältigkeit* der Sprache zu betonen; damit sollten die Fallen einer starren und monolithischen Theorie der Sprache und des Denkens umgangen werden, in die der *Tractatus* geraten war. Eine solche starre Theorie kann nur erfolgreich sein, indem sie die behandelten Fragen negativ beantwortet oder aber allzusehr vereinfacht. Der Leser von Wittgensteins späteren Schriften kann aber dennoch den Eindruck gewinnen, daß Wittgenstein in seinem Bestreben, einen starren und einheitlichen Ansatz zu vermeiden, dem gegenteiligen Extrem erlegen ist. An die Stelle der einen, festen Struktur der Frühphilosophie tritt hier ein Flickenteppich so verschiedenartiger Praktiken, daß sich nach Wittgenstein keine systematische Darstellung und Erklärung mehr dafür geben läßt, worin Verstehen und Bedeutung eigentlich bestehen (während seiner Ansicht nach sehr wohl systematisch erklärt werden *kann*, worin sie *nicht* bestehen, nämlich in privaten Bewußtseinszuständen oder Bewußtseinsprozessen). Man kann Wittgenstein darin zustimmen, daß es ein Fehler ist, nach der Art von Theorie zu suchen, wie sie der *Tractatus* geboten hat, aber daraus folgt keineswegs, daß *gar keine* systematische Erklärung der Sprache möglich ist, denn wenn es sich – bei der Sprache ebensogut wie z.B. beim Fahrradfahren – um ein Muster miteinander verknüpfter Praktiken handelt, sollte man durchaus erwarten können, daß von diesen Praktiken eine theoretische Darstellung formuliert werden kann (eine Analyse, eine Beschreibung und sogar eine Erklärung). Nichts von dem, was Wittgenstein sagt, zwingt uns zu der Annahme, daß eine solche Aufgabe sinnlos oder unlösbar sei. Ganz im Gegenteil scheint Wittgenstein selbst mit seiner Rede von Regeln, Sprachspielen etc. genau diese Aufgabe in Angriff genommen zu haben, und zwar trotz seiner Behauptung, keinerlei positive Theorie entwickelt zu haben. Seine Darstellung ist jedoch sehr allgemein und deshalb in den kritischen Punkten zu vage; man wird das Gefühl nicht los, daß man die von ihm erörterten Fragen besser verstanden hätte, wenn Wittgenstein seinen Begriffen einen schärfer umrissenen Inhalt gegeben und präziser gesagt hätte, wie er sich ihre praktische Anwendung denkt.

Ein wichtiger kritischer Einwand gegen die Spätphilosophie läßt sich dahingehend formulieren, daß eine allgemeine Inanspruchnahme von Begriffen wie ‚Gebrauch‘ und ‚Regelbefolgung‘ letztlich ziemlich wenig erklärt, zumal Wittgenstein mit diesen Begriffen je nach Kontext ganz verschiedene Dinge meint. Man kann sich diesen Vorbehalt deutlich machen, wenn man sich zum Beispiel überlegt, was man eigentlich durch die Anweisung lernt, *Bedeutung* als *Gebrauch* aufzufassen.

Zunächst einmal ist der Begriff des ‚Gebrauchs‘ selbst vieldeutig. Man kann davon sprechen, *wie* etwas gebraucht wird, *wozu* es gebraucht wird, *wann* sein Gebrauch angemessen ist und sogar, *wobei* es gebraucht wird (wie im Fall: ‚Fett wird beim Backen gebraucht‘). Im ersten Fall kann man zum Beispiel von einem Hammer sagen, das *Wie* seines Gebrauchs bestehe darin, daß man ihn am Griff faßt und mit der flachen Seite seines Kopfes auf den Zielgegenstand klopft, während das *Wozu* seines Gebrauchs etwas ganz anderes ist und darin besteht, Nägel einzuschlagen, Oberflächen zu glätten, Versammlungen zur Ordnung zu rufen usw. Solche Erklärungen sagen uns etwas über Hämmer, obgleich sie nicht nur bestimmen, daß es *Hämmer* sind, über die wir reden – es gibt noch andere Dinge, die wir am Griff fassen (Golfschläger oder Koffer etwa) oder die wir zum Einschlagen von Nägeln benutzen (den Absatz eines Schuhs etwa oder einen Stein). Es liegt auf der Hand, daß man über den Gebrauch von Wörtern in analoger Weise sprechen kann, wie Wittgenstein sagt. Man kann erklären, wie ein Wort gebraucht wird, wenn sein Gebrauch angemessen ist, und wozu es gebraucht werden kann. Aber in welchem Sinn können solche Erklärungen Erklärungen der *Bedeutung* sein? Nehmen wir an, ich sage Ihnen, *wie* ein bestimmtes Wort gebraucht wurde: Sage ich, daß es wirkungsvoll gebraucht wurde oder anmaßend oder spöttisch, dann sage ich nichts über seine Bedeutung. Nehmen wir an, ich sage Ihnen, *wozu* ein bestimmtes Wort gebraucht werden kann: Sage ich, daß es zur Beleidigung, zur Beruhigung oder zur Anregung gebraucht werden kann, dann sage ich noch immer nichts über seine Bedeutung.

Damit wird deutlich, daß die Verknüpfung von Bedeutung und Gebrauch weder so eng noch so offensichtlich ist, wie Wittgenstein uns hier und da glauben machen will. Zweifellos wäre es falsch, sich der starken These zu verschreiben, nach der Bedeutung und Gebrauch *dasselbe* sind. Man kann die Bedeutung eines Wortes – im allgemein akzeptierten Sinn dieses Satzes – sehr wohl kennen, ohne seinen Gebrauch zu kennen, und ebenso kann man umgekehrt seinen Gebrauch kennen, ohne seine Bedeutung zu kennen. Zum Beispiel kann man wissen, daß das lateinische Wort *jejunus* ‚hungrig‘ bedeutet, ohne zu wissen, wie man dieses Wort in einem Satz gebraucht, und umgekehrt kann man wissen, wie die Ausdrücke ‚Amen‘ und ‚q.e.d.‘ zu gebrauchen sind, ohne ihre Bedeutung zu kennen. Überdies haben viele Wörter einen Gebrauch, *ohne* eine Bedeutung zu haben, wie z.B. Eigennamen, Präpositionen, Konjunktionen und ähnliche. Der Gebrauch kann deshalb keinesfalls schon alles über die Bedeutung sagen; er kann Teil der Bedeutung sein, aber er schöpft nie und nimmer aus, worin die Bedeutung besteht. Es hilft uns nicht einmal viel weiter zu sagen, daß der Gebrauch eines Wortes Teil seiner Bedeutung ist – das ist bestenfalls ein Anfang, denn das, was man weiß oder kann und was die Fähigkeit zum Gebrauch von Ausdrükken ausmacht, ergibt sich nicht aus dem Begriff des Gebrauchs selbst. Man muß hier weiter (oder tiefer) schauen.

Mit dem Gebrauch als Schlüsselbegriff seiner Spätphilosophie will Wittgenstein die Aufmerksamkeit auf das lenken, *was mit Worten getan wird*, denn das ist ihm zufolge (in nicht ganz klarer Weise) entscheidend für eine Erklärung der Bedeutung selbst. Will man diese äußerst wichtige Idee angemessen einschätzen, muß man sich daran erinnern, daß sie gerade zu der Zeit, als Wittgensteins Denken direkt den philosophischen Diskurs beeinflußte, in der ‚Sprechakt-Theorie‘ des Sprachgebrauchs diskutiert wurde. Überlegen wir, *was wir tun*, wenn wir diese Ausdrücke gebrauchen: ‚Stop!‘, ‚Wo ist es?‘, ‚Es ist auf dem Tisch.‘ Der erste Ausdruck ist ein Befehl, der zweite eine Frage, der dritte eine Aussage – und Befehlen, Fragen und Aussagen sind Akte oder Handlungen, die wir in unserem Gebrauch von Sprache vollziehen: Sie sind ‚Sprechakte‘. Es gibt noch viele andere Sprechakte, unter ihnen z. B. Versprechen, Würdigen, Kritisieren, Loben oder Scherzen. Die Idee dabei ist folgende: Indem man zeigt, wie ein Ausdruck verwendet wird, um einen Sprechakt zu vollziehen, gibt man die Bedeutung dieses Ausdrucks an. So wird z. B. in einer vieldiskutierten Theorie des moralischen Diskurses gesagt, daß das Wort ‚gut‘ in den Sprechakten des Lobens und Bewertens funktioniert, so daß wir sagen können, daß wir die Bedeutung von ‚gut‘ erklären, wenn wir erklären, daß dieses Wort *gebraucht* wird, um zu loben oder um etwas positiv zu bewerten. Ebenso wurde gesagt, daß wir die Bedeutung des Wortes ‚wahr‘ erfassen, indem wir erkennen, daß es verwendet wird, um zu bestätigen, zu bejahen, zuzugeben oder zuzustimmen, wenn etwas behauptet wird. Diese Vorschläge mögen Wittgensteins eigener, unschärferer Auffassung eine größere Genauigkeit und damit auch mehr Plausibilität geben, aber auch sie sind letztlich nicht zufriedenstellend. Wenn wir verstehen, weshalb auch sie unbefriedigend sind, verstehen wir vielleicht etwas besser den Vorbehalt gegenüber der uneingeschränkten Inanspruchnahme des Begriffs des Gebrauchs.

Betrachten wir die Behauptung, daß ‚gut‘ verwendet wird, um den Sprechakt des Lobens zu vollziehen. Wenn jemand sagt: ‚Das ist ein guter Kugelschreiber‘, dann empfiehlt er ganz klar diesen Kugelschreiber. Aber wenn jemand fragt: ‚Ist das ein guter Kugelschreiber?‘, dann empfiehlt er, obgleich das Wort ‚gut‘ hier buchstäblich verwendet wird, ebenso klar überhaupt nichts. Ein Verteidiger der Sprechakt-Theorie könnte nun erwidern, daß ‚gut‘ nicht *immer gleich* verwendet wird, um zu empfehlen, daß aber die Anwesenheit dieses Wortes in gewöhnlichen Äußerungen sehr wohl zeige, daß der Sprechakt des Empfehlens hier schon ‚im Hintergrund‘ steht; die Frage ‚Ist das ein guter Kugelschreiber?‘ ließe sich daher so auffassen, als ob hier gefragt wird: ‚Empfiehlst du diesen Kugelschreiber?‘ Aber selbst das reicht nicht aus, denn in Sätzen wie: ‚Ich frage mich, ob das ein guter Kugelschreiber ist‘, ‚Ich weiß nicht, ob das ein guter Kugelschreiber ist‘, oder ‚Ich hoffe, das ist ein guter Kugelschreiber‘, spielt die Empfehlung gar keine Rolle; denn schließlich sagt man ja *nicht*: ‚Ich frage mich, ob ich diesen Kugelschreiber empfehle‘, ‚Ich hoffe, ich empfehle diesen Kugelschreiber‘ etc.

Die Annahme scheint somit falsch, daß es schon *genüge*, sich die Hauptverwendungen von Wörtern wie ‚gut‘ und ‚wahr‘ zu vergegenwärtigen, um alle unsere möglichen Fragen zur Bedeutung dieser Ausdrücke zu klären. Faktisch lassen sich gerade die – auch philosophisch schwierigen – Fragen über das Gute und Wahre nicht durch einfache Klärung der alltäglichen Verwendung der Worte ‚gut‘ und ‚wahr‘ beantworten, d. h. durch die Klärung ihres Gebrauchs in den Sprachspielen, in denen sie gewöhnlich vorkommen. Aus Wittgensteins Sichtweise folgt scheinbar, daß unsere philosophische Verwirrung über das Gute und Wahre verschwindet, wenn wir uns nur ‚vergegenwärtigen‘, wie diese Wörter gebraucht werden. Aber dem ist bei weitem nicht so.

Daraus wird ersichtlich, weshalb die Unschärfe von Wittgensteins Schlüsselbegriffen – hier des Begriffs *Gebrauch* – zu einer gewissen Unzufriedenheit mit seiner Spätphilosophie führen kann. Ein weiterer Grund für eine solche Unzufriedenheit liegt darin, daß diese Eigenart von Wittgensteins späterem Denken eher vertraute – in manchen Fällen ausgesprochen schwierige – philosophische Probleme aufwirft, statt sie zu lösen. So scheint Wittgenstein uns in seiner

Spätphilosophie ein Bild der Sprache – oder genauer einen Flicken-teppich verschiedenartigster Praktiken, an denen die Sprache betei-ligt ist – zu geben, demzufolge die Sprache irgendwie eigenständig ist, als ob die Sprache unabhängig von der Welt und jeder objektiven Realität, also gewissermaßen freischwebend sei; das ist eine ganz andere Vorstellung der Sprache als im *Tractatus* mit seinem Bild von einer Sphäre unabhängiger Tatsachen einerseits, der auf der anderen Seite die Sprache (das Denken) gegenübersteht, wobei die erste Sphäre die zweite begrenzt und bestimmt und Wahrheit und Falsch-heit jeweils in der Übereinstimmung dieser beiden Strukturen oder im Fehlen einer solchen Übereinstimmung bestehen. In seiner spä-teren Philosophie scheint Wittgenstein dagegen manchmal die Auf-fassung zu vertreten, daß die Welt abhängt von der ‚Lebensform‘, zu der die Sprache gehört. Ganz außer Zweifel jedenfalls scheint zumindest zu stehen, daß der richtige Gebrauch der Sprache von etwas bestimmt wird, das *unabhängig* von der Sprache ist: Wir machen im Sprechen nichts richtig oder falsch, je nachdem, ob wir objektive Tatsachen richtig oder falsch beschreiben, sondern je nachdem, ob wir die wechselseitig akzeptierten und beachteten Regeln unserer Sprachgemeinschaft befolgen oder nicht. Auch die Gemeinschaft als ganze kann nichts richtig oder falsch machen; sie *handelt* einfach, und die einzigen Beschränkungen des Sprachge-brauchs sind die inneren, auf Übereinstimmung und Brauch beru-henden. Träten systematische Veränderungen in der gesamten Ge-meinschaft ein, dann würde keine solche Veränderung bemerkt werden, weil sie gar nicht bemerkt werden *könnte*; die Gemeinschaft als ganze kann die Anwendung von Regeln verändern, auf welche Weise auch immer, und das bliebe unerkannt und wäre ohnehin irrelevant. Und auch diese Bemerkungen wären irrelevant, denn sie setzen noch einen festen Standpunkt voraus, von dem aus Vergli-che angestellt werden könnten; ein solcher Standpunkt aber ist unmöglich, weil er außerhalb der Lebensform liegen müßte.

Auch die genaue Befragung von Wittgensteins Texten scheint uns hier ratlos zu lassen. Die meisten Wittgensteinianer bestreiten, daß die spätere Philosophie eine Form von ‚Anti-Realismus' darstellt, aber Wittgenstein selbst scheint zu denken, daß man über die Frage einer außersprachlichen Wirklichkeit bestenfalls folgendes sagen kann: Unsere Sprachspiele oder, allgemeiner, unsere Praktiken, in denen wir mit Dingen wie Tischen, Stühlen usw. umgehen, *setzen* unser Vertrauen auf die Existenz einer solchen Wirklichkeit *voraus*. Deutlich wird das in *Über Gewißheit*, wo Wittgenstein sagt, daß die Gültigkeit vieler unserer Überzeugungen in der Rolle liegt, die sie in der Sprache spielen. Schon der Sinn unserer Rede über eine äußere Welt, in der es so etwas wie Hände gibt oder in der Naturdinge schon lange vorhanden sind, hängt von unserer fraglosen Hinnahme solcher Überzeugungen ab, z. B. (und hier handelt es sich wiederum um Metaphern), daß das Sprachspiel mit dem ‚Bett und Ufer' eines Flusses vergleichbar sei oder daß man vom ‚Gerüst' des Sprachspiels sprechen könne. Wittgenstein sagt in diesem Zusammenhang, daß Sätze wie ‚körperliche Gegenstände existieren' ‚grammatische', d. h. *logische* Sätze sind, die in unserem Reden eine ganz bestimmte Rolle dadurch spielen, daß sie zu den Voraussetzungen der Bedeutsamkeit der Rede selbst zählen. Ebenso ist die religiöse Rede ein Sprachspiel, in dem dem Sprechen von Gott auf ähnliche Weise eine grundlegende Rolle zukommt, und folglich ist die Gültigkeit der religiösen Rede in dieser selbst zu suchen (ein Punkt, den viele Theologen dankbar von Wittgenstein übernommen haben, weil er ihnen erlaubt, sich besser gegen den kritischen Einwand zu verteidigen, wonach es kein unabhängiges Mittel zur Stützung religiöser Behauptungen gibt). Fragen und erst recht Antworten in bezug auf die Gültigkeit dieser Sprachspiele als ganzer oder *von außen* sind unmöglich; sie beruhen auf den ‚Lebensformen' – der gemeinsamen Erfahrung, der Übereinstimmung, dem Brauch, den Regeln –, die ihnen zugrunde liegen und ihnen Gehalt verleihen. Nach Wittgensteins Auffassung scheinen also Sprache und Denken in gewissem Sinn von innen her selbstbestimmt und selbsterschaffen zu sein, und entsprechend ist die Wirklichkeit nicht, wie im *Tractatus* angenommen, unabhängig von Sprache und Denken.

Eine solche Auffassung wirft eine ganze Reihe von Problemen auf. Unter anderem müssen wir, wenn wir eine derartige Haltung einnehmen, erklären, was uns in unserer alltäglichen Erfahrung als unabhängige Natur der Welt *erscheint*. Wenn es keine eigentlich unabhängige Welt gibt, die unsere Art zu handeln, zu denken und zu sprechen begrenzt, weshalb scheint es uns dann so, daß es sie *doch gibt*? Weshalb scheint es zumindest so, als ob sich unser Handeln und Denken immer nach etwas richten muß, das unabhängig von ihm ist und sich ihm hartnäckig entzieht? Die Tatsache, daß die Welt unabhängig von uns zu existieren scheint, kann in der Tat von antirealististischen Theorien erklärt werden, selbst von den starken Spielarten dieser Theorie, nach denen das Denken oder die Erfahrung bestimmen, was existiert. Aber von größter Wichtigkeit sind die *Einzelheiten* einer solchen Theorie, denn von ihnen hängt vor allem ab, wie überzeugend die Theorie ist. Wenn Wittgenstein also der Auffassung ist, daß die Wirklichkeit nicht unabhängig von Sprache und Denken ist, dann muß er auch etwas mehr darüber sagen, weshalb unsere Erfahrung und unsere Überzeugungen letztlich so eindeutig zum Realismus neigen. Diese Ausführungen bleibt er uns aber schuldig.

Ein weiteres, damit zusammenhängendes Problem ergibt sich daraus, daß Wittgensteins Auffassungen ihn manchmal in die Nähe einer *relativistischen* Position bringen. Sowohl Philosophen wie Anthropologen sind an diesem Punkt besonders interessiert, was zum Teil das Interesse der Anthropologie an Wittgensteins Werk erklärt. Wir können uns folgendermaßen verdeutlichen, worum es hier geht.

Grob gesagt gibt es zwei Arten von Relativismus, den ‚kulturellen‘ und den ‚kognitiven‘. Im Kulturrelativismus wird die These vertreten, daß es zwischen Kulturen oder Gesellschaften oder zwischen verschiedenen Phasen in der Geschichte einer einzigen Kultur oder Gesellschaft Unterschiede in bezug auf soziale, moralische und religiöse Praktiken und Werte gibt. So unterscheiden sich zum Beispiel die gegenwärtigen westlichen und die indische Gesellschaft sehr stark in ihren Heirats- und Ehepraktiken. In der indischen Gesellschaft werden Heiraten arrangiert, und die zukünftigen Eheleute begegnen sich vor der Hochzeit nur ein oder zwei Mal sehr kurz und in Anwesenheit ihrer Familien. Im Westen bleibt das Zusammenkommen der Partner und ihr Zusammenbleiben dem Zufall des individuellen Geschmacks und Gefühls überlassen. Es liegt auf der Hand, daß die Institution der Ehe in diesen Gesellschaften verschiedene Bedeutung hat.

Der kulturelle Relativismus ist philosophisch nicht problematisch, denn offenbar setzt unsere Fähigkeit, kulturelle Unterschiede der beschriebenen Art zu erkennen, unsere Fähigkeit voraus, einen Zugang zu anderen Kulturen zu finden, so daß wir die Unterschiede *als* Unterschiede erkennen können. Das beweist, daß es Übereinstimmungen zwischen den Kulturen gibt, die den wechselseitigen Zugang und damit wechselseitiges Verständnis erlauben.

Beim kognitiven Relativismus sieht die Sache ganz anders aus. Man bezeichnet damit die Auffassung, daß es verschiedene Wege der Wahrnehmung der Welt und des Denkens über die Welt oder über die Erfahrung gibt, die so sehr voneinander abweichen können, daß die Angehörigen einer Erkenntnisgemeinschaft überhaupt nicht erfassen können, was es bedeutet, einer anderen Erkenntnisgemeinschaft anzugehören. Einige Philosophen sind der Ansicht, daß wir in bezug auf jede andere als unsere eigene Kultur und sogar in bezug auf frühere geschichtliche Phasen unserer eigenen Kultur bestenfalls in ganz unbestimmter Weise erfassen können, was es bedeuten würde, dieser Kultur anzugehören. Das liegt daran, so argumentieren sie, daß jede Weltsicht in hohem Maße theoriegeladen und deutungsabhängig ist: Wenn wir versuchen, eine fremde Weltsicht – ein fremdes Begriffsschema oder, wie Wittgenstein sagen würde, eine ‚Lebensform‘ – zu verstehen, dann tun wir das unweigerlich dadurch, daß wir die fremden Begriffe, Überzeugungen und Praktiken *neu* in unseren eigenen Begriffen deuten; nur so können sie von unserem Standpunkt aus überhaupt Sinn haben. Dieser Ansicht zufolge gibt es sehr wahrscheinlich Begriffsschemata, die von den unseren derart verschieden sind, daß wir nicht einmal ihre Existenz erkennen können; und falls wir doch dazu in der Lage sein sollten, haben wir keine Möglichkeit, sie von innen her zu begreifen, sie bleiben uns fremd. Aus dem kognitiven Relativismus folgt natürlich unmittelbar, daß Wahrheit, Wirklichkeit, Wissen, moralische Werte und ähnliches immer nur die *unseren* sind: Sie sind nicht absolut, sondern relativ; sie sind auf uns beschränkt, ja sie sind sogar auf den kleinen Ausschnitt der Geschichte beschränkt, in dem wir uns zufällig gerade befinden. Daher gibt es so viele Versionen von ‚Wahrheit‘, ‚Wirklichkeit‘ und ‚Wert‘, wie es Begriffsschemata oder ‚Lebensformen‘ gibt.

Hier und da scheint Wittgenstein einem solchen kognitiven Relativismus zuzuneigen. Er sagt: „Wenn ein Löwe sprechen könnte, wir könnten ihn nicht verstehen." (PU II, S. 568) „Chinesische Gebärden verstehen wir so wenig, wie chinesische Sätze." (*Zettel*, § 219) Diese Bemerkungen lassen auf einen Relativismus der ‚Lebensformen‘ schließen. Möglicherweise will Wittgenstein folgendes sagen: Weil Bedeutung und Verstehen auf der Teilhabe an einer Lebensform gründen und weil die Lebensformen von Löwen und Chinesen von unseren ganz verschieden sind, können wir Löwen und Chinesen nicht verstehen, d. h., wir haben keinen Zugang zu ihrer Sicht der Dinge, und das gleiche gilt auch umgekehrt. In *Über Gewißheit* denkt Wittgenstein offenbar, daß es einen geschichtlichen Relativismus einzelner Lebensformen gibt, wenn er sagt, daß unsere Sprachspiele und Überzeugungen sich verändern (§§ 65, 96–97, 256); das bedeutet, daß die Sicht unserer Vorfahren uns kognitiv so unzugänglich ist wie die von Löwen oder, auf andere Weise, die von Chinesen.

Der kognitive Relativismus hat etwas Beunruhigendes. In dieser Theorie sind die Begriffe der Wahrheit, der Wirklichkeit und des Wertes nur noch das, was die Teilhaber an einer Lebensform zu einer bestimmten Zeit an einem bestimmten Ort zufällig daraus machen; andere Lebensformen zu anderen Zeiten und an anderen Orten führen zu anderen und sogar gegensätzlichen Auffassungen von

Wahrheit, Wirklichkeit und Werten. Das bedeutet faktisch, daß die fraglichen Begriffe gar keine Begriffe der *Wahrheit* etc. sind, wie wir sie gern verstehen wollen, sondern vielmehr nur Meinungen und Überzeugungen. Wenn der kognitive Relativismus wahr ist (aber was heißt jetzt ‚wahr‘?), dann befinden wir uns im Irrtum, wenn wir annehmen, daß ‚Wahrheit‘ und ‚Wissen‘ die Bedeutung haben, die wir ihnen normalerweise zuschreiben, denn es gibt nur eine *relative* Wahrheit, es gibt die Wirklichkeit nur, wie *wir* sie in *dieser bestimmten* Begriffsgemeinschaft zu *diesem* Zeitpunkt ihrer Geschichte auffassen.

Man kann viele Äußerungen Wittgensteins durchaus so verstehen. Für ihn besteht die Bedeutung von Ausdrücken im Gebrauch, den wir von ihnen machen, und dieser Gebrauch unterliegt den Regeln, auf die sich die Teilhaber einer Lebensform einigen. Das gilt wohl auch für die Ausdrücke ‚wahr‘ und ‚wirklich‘ selber. In der Tat sagt Wittgenstein ja, daß solche Ausdrücke ihre philosophische Bedeutung verlieren, wenn wir uns nur ihren alltäglichen Gebrauch vergegenwärtigen. Daraus folgt, daß andere mögliche Lebensformen – oder auch nur eine einzige existierende andere Lebensform – mit anderen Übereinstimmungen und Regeln den Ausdrücken ‚wahr‘ oder ‚wirklich‘ notwendig andere Bedeutungen verleihen, und daher sind ‚Wahrheit‘ und ‚Wirklichkeit‘ relativ und nicht absolut. Das ist eine überaus folgenschwere Behauptung.

Aus einigen Äußerungen insbesondere über den ‚natürlichen Ausdruck‘, d. h. über unsere Neigung, aufgrund unserer menschlichen Natur auf bestimmte Art zu fühlen und zu handeln, könnte man schließen, daß Wittgenstein der Meinung ist, alle *menschlichen* Gemeinschaften teilten die gleiche Lebensform. Daraus würde dann folgen, daß Wahrheit menschliche Wahrheit und Wirklichkeit menschliche Wirklichkeit ist. Der Relativismus Wittgensteins wäre so nichts anderes als Anthropozentrismus. Gestützt wird diese Deutung durch Wittgensteins Bemerkung: „Die gemeinsame menschliche Handlungsweise ist das Bezugssystem, mittels dessen wir uns eine fremde Sprache deuten." (PU, § 206) Andererseits deutet aber die schon zitierte Bemerkung über die Chinesen (vgl. auch *Zettel*, § 350) auch auf einen radikaleren Relativismus Wittgensteins hin. Der Begriff der ‚Lebensform' läßt sich durchaus so deuten, daß nach Wittgenstein kognitive Relativitäten entlang derselben Grenzen verlaufen wie kulturelle, und das wäre nun tatsächlich eine radikal relativistische Position.

Man braucht sich aber gar nicht diese starke Version des Relativismus vorzunehmen, um zu zeigen, daß der kognitive Relativismus inakzeptabel ist. Man kann sich das folgendermaßen vor Augen führen: Nehmen wir an, der kognitive Relativismus sei die korrekte Haltung. Wie sollen wir dann eine andere Lebensform *als* andere Lebensform erkennen können? Die Fähigkeit, etwas als Lebensform zu erkennen und überdies als Lebensform, die sich von unserer unterscheidet, setzt voraus, daß wir über ein *Mittel* verfügen, das uns ihr Dasein sowie die Unterschiede zwischen jener Lebensform und unserer erkennen läßt. Solche Mittel stehen uns jedoch nicht zur Verfügung, wenn uns die andere Lebensform unzugänglich ist, d. h., wenn wir sie nicht einmal weit genug deuten können, um zu erkennen, daß es sich um eine Lebensform handelt. Wenn es uns also überhaupt möglich sein soll, von ‚anderen Lebensformen' zu sprechen, dann müssen wir diese zunächst einmal als solche erkennen können; wir müssen in der Lage sein, das Dasein von Handlungen und von Mustern von Praktiken zu erkennen, die eine Lebensform bilden, in der zwischen den Teilhabern eine Übereinstimmung herrscht, die den Fortbestand dieser Praktiken sichert. Sollen wir überdies noch erkennen können, daß sich die fragliche Lebensform von der unseren *unterscheidet*, dann müssen wir in der Lage sein, die Unterschiede zu *erkennen*, und das ist nur möglich, wenn wir die andere Lebensform wenigstens so weit deuten können, daß diese Unterschiede zutage treten. Dazu muß aber eine ausreichend große gemeinsame Basis der Lebensformen vorhanden sein; ohne eine solche gemeinsame Basis kann es überhaupt keine Deutung geben. Zweierlei muß eine solche übereinstimmende Grundlage bieten: Erstens müssen wir mit den Fremden einige natürliche Fähigkeiten und Reaktionsweisen in Wahrnehmung und Verstand teilen, aus denen sich zumindest einige ähnliche Annahmen über die Welt ergeben; zweitens müssen wir mit den Fremden gewisse Grundsätze teilen können, denen diese Annahmen folgen, z. B. daß man das, was man annimmt und wonach man entsprechend handelt, auch für *wahr* hält. Das muß so sein, weil die Erkenntnis von Unterschieden, wie schon gesagt, nur vor einem gemeinsamen Hintergrund möglich ist. Wäre *alles* anders, dann könnten die Teilhaber der einen Lebensform die Existenz der anderen nicht einmal ansatzweise vermuten.

Dieses Erfordernis einer wechselseitigen Zugänglichkeit zwischen den Lebensformen straft den kognitiven Relativismus Lügen. ‚Unterschiedliche‘ Lebensformen müssen zur wechselseitigen Zugänglichkeit erfahrungsmäßige und begriffliche Gemeinsamkeiten genau in denjenigen Hinsichten teilen, die *kognitiv ganz und gar nicht relativ sind.* Der kulturelle Relativismus ist nicht nur eine überzeugende, sondern sogar eine wichtige These, aber diese These hat überhaupt nur Sinn, wenn es zwischen den Kulturen auf der kognitiven Ebene eine wechselseitige Zugänglichkeit gibt. Damit scheint die einzig sinnvolle Art des Relativismus der kulturelle zu sein.

Wittgenstein scheint in dem, was man an vielen seiner Bemerkungen als Relativismus auffassen kann, keinen Unterschied zwischen kulturellem und kognitivem Relativismus zu machen. Tatsächlich scheint er sich nicht einmal bewußt zu sein, daß viele seiner Äußerungen mögliche – und inakzeptable – relativistische Implikationen besitzen, was insbesondere für seinen Begriff der ‚Lebensform‘ gilt. Dieser Begriff liegt jedoch seinem gesamten späteren Denken zugrunde als das ‚Gegebene‘ oder das ‚Fundament‘, als letzte Grundlage für Bedeutung, Gebrauch, Regeln, Wissen und für die psychologischen Begriffe. Die innere Unschärfe und die tatsächlichen oder anscheinenden relativistischen Folgen dieses Begriffs werfen daher einen Schatten über seine Spätphilosophie als ganze.

Wir haben uns bis hierher mit allgemeinen Fragen von Wittgensteins Spätphilosophie befaßt. Ich möchte mich nun einer konkreteren Frage zuwenden, nämlich Wittgensteins Erörterung der Regelbefolgung und der Privatsprache. Hier liegt der zentrale und wichtigste Aspekt seiner Spätphilosophie, aber auch hier stoßen wir auf Probleme, von denen das wichtigste eine gewisse Widersprüchlichkeit in Wittgensteins Ansichten ist.

Gewöhnlich wird Wittgensteins Argumentation gegen die Möglichkeit einer Privatsprache so verstanden, daß sie sich gegen die Möglichkeit einer *logisch* privaten Sprache richtet, d. h. einer Sprache, die nur ein einziges Individuum kennen *kann*. Damit ist noch nicht ausgeschlossen, daß es *zufällige* Privatsprachen geben kann, d. h. Sprachen, die faktisch nur ein einziges Individuum versteht, die andere aber verstehen könnten, Sprachen also, die in öffentliche Sprachen übersetzbar sind. Von Pepys' *Tagebuch* wird z. B. oft behauptet, es stelle den Fall einer solchen zufällig privaten Sprache dar; in Wahrheit handelt es sich aber lediglich um eine verschlüsselte öffentliche Sprache und nicht um einen philosophisch interessanten Fall von Privatsprache. Ein besseres Beispiel wäre da schon eine von einem völlig isolierten Individuum – das sein ganzes Leben als ‚Robinson Crusoe‘ verbracht hat – entwickelte Sprache. Eine solche Sprache wäre in einem interessanten Sinn privat, aber sie wäre nur zufällig privat, weil sie prinzipiell von anderen erlernt werden könnte. Nach Wittgensteins Ansicht kann die Sprache eines solchen Robinson nur deshalb als Sprache gelten, weil sie einem öffentlichen Verständnis zugänglich ist.

Die Ansicht der Interpreten, daß Wittgenstein nur die logische, nicht aber die zufällige Privatheit ausschließen wollte, ergibt sich daraus, daß die Konzeption einer zufällig privaten Sprache unproblematisch zu sein scheint; es wird in der Regel ohne weiteres zugestanden, daß solche Sprachen durchaus möglich sind.

Betrachten wir jedoch Wittgensteins Ausführungen zur Regelbefolgung, dann stellt sich heraus, daß es ihm um viel mehr als nur um die Behauptung geht, daß es keine logisch privaten Sprachen geben kann. Seine Bemerkungen zur Regelbefolgung schließen die These ein, daß *Sprache ihrem Wesen nach öffentlich ist.* Erinnern wir uns an seine Begründung dafür: Der Gebrauch von Sprache ist eine regelgeleitete Aktivität; Regeln kommen zustande durch die Übereinstimmung in einer Sprachgemeinschaft (nur innerhalb einer solchen Gemeinschaft kann man Regeln befolgen, denn anders könnte man nicht unterscheiden zwischen der tatsächlichen Befolgung einer Regel und dem bloßen Glauben, eine Regel zu befolgen, und wo eine solche Unterscheidung nicht zur Verfügung steht, gibt es keine Regelbefolgung und damit keine Sprache). Wenn aber der Gebrauch von Sprache eine regelgeleitete Aktivität ist und wenn diese Aktivität im Kern eine Angelegenheit der öffentlichen Übereinstimmung ist, wie Wittgenstein argumentiert, dann folgt daraus, daß die Sprache wesentlich, d. h. *logisch* öffentlich ist.

Hier nun liegt für Wittgenstein das Problem. Wenn die Sprache logisch öffentlich ist, dann kann es in *gar keinem* Sinn private Sprachen geben. Es kann keinen Robinson Crusoe von Geburt geben, der eine auch nur zufällig private Sprache erfindet und verwendet, denn nach dem Argument in bezug auf die Regelbefolgung könnte er, weil er kein Mitglied einer Sprachgemeinschaft ist, gar nicht unterscheiden zwischen der Befolgung einer Regel und dem bloßen Glauben, eine Regel zu befolgen, und damit könnte er überhaupt keine Sprache verwenden.

Wittgenstein hat noch eine weitere, hiermit zusammenhängende Begründung für seine These, daß es keine zufällig private Sprache geben kann. Eine solche Sprache hätte nämlich keinen Anfangspunkt. Das folgt aus dem, was Wittgenstein, wie oben dargestellt, über das Lernen von Sprache sagt. Das Erlernen einer Sprache erfordert demnach ein öffentliches Umfeld, in dem der Neuling in den Praktiken seiner Sprachgemeinschaft (insbesondere in der Praxis der Regelbefolgung) unterwiesen werden kann. Ein Robinson Crusoe von Geburt würde über diesen Ausgangspunkt nicht verfügen und könnte daher nach Wittgenstein keine Sprache erlernen.

Wir haben es also offensichtlich mit einer Unstimmigkeit in Wittgensteins Auffassungen zu tun, nämlich mit einem Konflikt zwischen der starken Behauptung, daß die Sprache logisch öffentlich ist, und der schwächeren Behauptung, daß es keine logisch private Sprache geben kann. Die erste These schließt aus, was die zweite zuläßt: daß es zufällig private Sprachen geben kann. Wittgenstein vertritt die erste These, wo er sich mit der Regelbefolgung beschäftigt, und die zweite, wenn er insbesondere über die Privatsprache nachdenkt. Grundlegender dürften allerdings seine Überlegungen zur Regelbefolgung sein – mit allem, was aus ihnen folgt (Übereinstimmung, Sprachgemeinschaft etc.). Wäre eine Entscheidung unumgänglich, müßte Wittgenstein, wie es aussieht, die starke These vertreten und damit die schwächere verwerfen. Doch dann müßte er sich auf die fragwürdige These festlegen, daß es keine zufällig private Sprache geben kann. (Die andere Alternative – Aufgeben der starken These – scheidet für Wittgenstein aus, denn in diesem Fall müßte er alles aufgeben, was für seine ganze spätere Philosophie entscheidend ist.)

Diese Schwierigkeiten in Wittgensteins Position machen klar, daß die Fragen der Regelbefolgung und der Privatheit ein weiteres schwerwiegendes Problem aufwerfen, das wir bereits erwähnt haben. Dieses Problem betrifft folgende Tatsache: Wenn Regeln durch Übereinstimmung innerhalb einer Sprachgemeinschaft zustande kommen und nicht durch irgend etwas bestimmt werden, was nicht zu den Praktiken dieser Gemeinschaft gehört, dann steht nicht nur der vermeintliche Benutzer einer Privatsprache, sondern auch die Gemeinschaft als ganze vor dem Problem, nicht mehr angeben zu können, ob er/sie tatsächlich einer Regel folgt oder nur *glaubt*, einer Regel zu folgen. Wie kann die *Gemeinschaft* wissen, ob sie einer Regel folgt? Wittgenstein antwortet darauf: Sie kann es nicht wissen. In diesem Zugeständnis liegt der springende Punkt des Problems. Gibt es im Fall des Individuums kein Unterscheidungsmerkmal, dann folgt dieses Individuum nach Wittgenstein keinen Regeln und gebraucht damit auch keine Sprache. Aber muß man das gleiche nicht auch von der Sprachgemeinschaft als ganzer sagen? Wenn ja, dann scheint das paradoxe Resultat zu sein, daß die Sprachgemeinschaft keine Sprache gebraucht.

In neueren Diskussionen über Wittgensteins Werk wurde versucht, diese und andere Probleme zu lösen, die, solange sie nicht gelöst sind, Wittgensteins Ansichten ernsthaft in Frage stellen. Zusammen mit den oben skizzierten allgemeineren Einwänden legen sie die Vermutung nahe, daß Wittgensteins Spätphilosophie in der vorliegenden Gestalt nicht überzeugt.

# 4. Wittgenstein und die Gegenwartsphilosophie

A. J. Kenny nennt Wittgenstein den „bedeutendsten Denker des [zwanzigsten] Jahrhunderts". Für G. H. von Wright ist er „einer der größten und einflußreichsten Philosophen unserer Zeit". J. N. Findlay, ein Gegner von Wittgensteins Philosophie, charakterisiert ihn als einen Denker von „immensen Folgen und außerordentlicher Originalität … tief … brillant".

Die Wittgensteinliteratur ist voll von ähnlichen Wertschätzungen, und jedermann würde natürlich angesichts dieser hohen Einschätzung vermuten, daß Wittgensteins Werk in der Philosophie des 20. Jahrhunderts den größten Einfluß besitzt. Aber dem ist nicht so. Erklären läßt sich das am einfachsten folgendermaßen: Abgesehen von der Arbeit des verhältnismäßig kleinen Schülerkreises von Wittgenstein, besteht der *überwiegende Teil* der Philosophie während und nach Wittgensteins Lebenszeit aus eben derjenigen Art philosophischer Arbeit, die Wittgenstein mit seinen Texten überwinden wollte, nämlich aus systematisch angelegten Untersuchungen eben jener ‚philosophischen Probleme', von denen Wittgenstein sagt, sie würden verschwinden, wenn man sich nur auf angemessene Weise mit der Sprache befaßt. Tatsache ist, daß die meisten analytischen Philosophen der vergangenen Jahrzehnte und der Gegenwart diese Auffassung ganz einfach nicht teilen. Weit davon entfernt, Wittgensteins Ansichten zu folgen, stehen sie viel eher in der philosophischen Tradition Freges und Russells. Aus diesem und aus anderen Gründen bewegen sie sich weiter auf den altbewährten Bahnen der Philosophie, die Wittgenstein verwarf. Man muß sich das vergegenwärtigen, will man Wittgensteins Stellung in der Gegenwartsphilosophie verstehen, denn wie wir in den vorangehenden Kapiteln gesehen haben, drückt sich Wittgensteins Zurückweisung der philosophischen Überlieferung in der Verwerfung dessen aus, was in dieser Tradition als philosophische Probleme angesehen und definiert wurde. Nur seine eigenen Schüler teilen Wittgensteins diesbezügliche Auffassung, und das zeigt, daß Wittgensteins Wirkung auf die Gegenwartsphilosophie weit geringer ist, als die Äußerungen Kennys, von Wrights und anderer nahelegen.

Damit soll jedoch nicht Wittgensteins Platz in der Philosophie bestritten werden. Es ist noch zu früh, um zu entscheiden, ob Wittgenstein zu den zentralen Gestalten – wie etwa Aristoteles, Locke oder Kant – gehört, deren Platz in der Geschichte der Philosophie unbestritten ist, da spätere Generationen ihrem Werk großen Wert beigelegt haben. Es ist ganz offensichtlich schwierig, über Philosophen unserer eigenen Zeit oder der jüngsten Vergangenheit ein historisch zutreffendes Urteil zu fällen. Betrachtet man die Geschichte der Philosophie, so sieht man ein halbes Dutzend Denker, deren Stellenwert aus unserer Sicht kaum zu überschätzen ist, und dazu ein Dutzend weiterer, deren Einfluß und Bedeutung nicht geschwunden sind. Das ist eine kleine, exklusive Gemeinschaft. Man vergißt leicht, daß sehr viele andere Philosophen geschrieben und gelehrt haben, von denen einige zu ihrer Zeit und auch darüber hinaus noch berühmt waren, die aber später kein so hohes Ansehen mehr genossen. Zu diesen gehört zum Beispiel Malebranche, der französische Geistliche des späten 17. und frühen 18. Jahrhunderts, der zu seiner Zeit in der gesamten geistigen Welt gefeiert wurde und dessen Werk eine umfangreiche kritische und zustimmende Literatur auf den Plan rief. Locke widmete ihm eine Monographie, und der junge Berkeley wollte ihn in Paris unbedingt kennenlernen. Lockes und Berkeleys Schriften werden noch immer gelesen, während die von Malebranche vergessen wurden. Weitere, weniger dramatische Fälle stellen die allgemein geachteten, aber nur noch von einigen Gelehrten und Anhängern gelesenen Philosophen dar, zu denen – ganz willkürlich und vielleicht nicht ganz wertfrei herausgegriffen – Plotin, Thomas von Aquin oder Schopenhauer zu zählen wären. Trotz aller Bewunderung und Wertschätzung, die diese Denker zu ihren Lebzeiten oder nach ihrem Tod genossen, wäre es – wie sich nachträglich gezeigt hat – sehr unsicher gewesen, dem Urteil der Geschichte vorzugreifen und zu sagen, daß sie einmal zu den wirklich zentralen Gestalten des Geisteslebens zählen würden. Und selbst der Ruhm der zentralen Denker ist Schwankungen ausgesetzt und wird von Zeiten unterbrochen, in denen sie vergessen werden.

Erwägungen dieser Art sollte man nicht vernachlässigen. Einschätzungen von Wittgensteins Platz in der Geschichte der Philosophie können sich, sollen sie überhaupt von Wert sein, nur auf den Zeitraum nach seinem Tod beziehen, und aus den genannten Gründen können sie nichts darüber aussagen, welche Bedeutung künftige Denker Wittgensteins Werk vielleicht beilegen werden. Um Wittgensteins Stellung zu charakterisieren, läßt man also Urteile wie die obigen am besten ganz beiseite und hält sich so weit wie möglich an die Tatsachen.

Die Bestimmung von Wittgensteins Platz in der Geschichte der jüngstvergangenen Philosophie wirft einige Probleme auf, die sich hauptsächlich aus der Verschwiegenheit und dem Zögern Wittgensteins in Hinsicht auf seine Spätphilosophie ergeben. Wittgenstein wollte nicht, daß seine Ideen zirkulierten, bevor er sie wirklich ausgearbeitet hatte, und noch mehr fürchtete er, daß sie nachgeahmt oder gestohlen würden. Entsprechend wollte er sie selbst veröffentlichen, bevor andere das taten, aber er konnte sich dazu nie recht entschließen und zögerte so lange, daß schließlich sein gesamtes späteres Werk erst posthum veröffentlicht wurde. Zweierlei bedarf daher einer Klärung: zum einen die Verbindung zwischen Wittgensteins Auffassungen und denen seiner Zeitgenossen und Beinahe-Zeitgenossen, die wie er selbst ein philosophisches Interesse an der Sprache hatten; und zum anderen die Art und Weise, wie sich eine kleine, aber unverwechselbare ‚Wittgensteinschule' schon zu seinen Lebzeiten bildete und nach seinem Tod fortbestand.

Während der dreißiger und vierziger Jahre lehrte Wittgenstein, wie wir gesehen haben, zeitweise in Cambridge, und einige seiner Schriften zirkulierten als Typoskripte. Es war gar nicht zu vermeiden, daß einige seiner Gedanken durch diese Manuskripte und durch seine Schüler größeren philosophischen Kreisen bekannt wurden. Spuren – aber auch nur Spuren – lassen sich in den Werken von Gilbert Ryle, J. L. Austin und einigen anderen finden. Die sogenannte ‚Philosophie der normalen Sprache‘, die vor allem mit Austins Namen verknüpft ist und in Oxford hauptsächlich in den fünfziger Jahren ihre Blütezeit erlebte, wird nicht selten als Ergebnis von Wittgensteins Lehren betrachtet. In Wahrheit war Wittgensteins Einfluß jedoch weit weniger direkt; Austin glaubte ganz sicher nicht, Wittgenstein seine Ideen zu verdanken. Zweifellos spielten Wittgensteins Ansichten bei der philosophischen Hinwendung zur Sprache um die Jahrhundertmitte eine Rolle, wenn auch nur aus zweiter oder dritter Hand und nicht an vorderster Stelle; aber ebenso steht außer Zweifel, daß Wittgenstein sich kaum mit der ‚Philosophie der normalen Sprache‘ identifiziert hätte. Keiner der damals prominenten Philosophen (außer Ryle und Austin wären hier u. a. auch Moore, Broad, Russell und Ayer zu nennen) war Wittgensteinianer; die meisten von ihnen waren von Wittgensteins späten Gedanken nicht beeinflußt, und manche standen ihnen sogar feindselig gegenüber.

Wittgensteins Einfluß auf seine philosophischen Zeitgenossen war demnach eher punktuell und begrenzt. Die Tatsache, daß eine ‚Wittgensteinschule‘ entstand, mag also verwirrend scheinen, erklärt sich aber daraus, daß Wittgenstein aus einigen seiner Studenten in Cambridge leidenschaftliche Anhänger machte, und nach seinem Tod haben diese Schüler wie in einer Art apostolischer Nachfolge weitere Schüler geweiht. Die Wittgensteinianer sind in der zeitgenössischen Philosophie eine unverwechselbare, wenn auch verhältnismäßig kleine Gruppe; sie studieren eingehend Wittgensteins Schriften und wenden seine Methoden an, und einige von ihnen weigern sich sogar, spätere Entwicklungen in der Philosophie ernst zu nehmen, weil sie von Wittgensteins Ideen wegführen. Diese Anhänger haben Wittgenstein meistens unkritisch auf zustimmende und sogar verehrende Weise ausgelegt, aber sie haben auch einige originelle, kontroverse und anregende Werke veröffentlicht.

Wichtig in unserem Zusammenhang ist die Haltung der philosophischen Gemeinschaft im ganzen zu Wittgensteins Denken. Hier liegen die Dinge ziemlich klar. Wie schon bemerkt, kann keine Rede von einer allgemeinen oder weit verbreiteten Zustimmung zu Wittgensteins grundlegenden Behauptungen sein. Die philosophische Gemeinschaft nimmt vielmehr zu Wittgensteins Werk die gleiche Haltung ein, die sie gegenüber jedem Werk einnimmt, das interessante Gedanken bietet: Sie profitiert von dem, wovon sie profitieren kann, und lehnt ab, womit sie nicht einverstanden ist. Einige Ideen Wittgensteins sind entsprechend zu gängiger Münze in der philosophischen Debatte geworden. Vieles von dem, was Wittgenstein in seiner Spätphilosophie über Bedeutung sagt, hat nicht überzeugt, obgleich der allgemeine (und unklare) Gedanke, daß der *Gebrauch* ein wichtiger Teil der Bedeutung ist, nicht zuletzt durch Wittgensteins Werk weite Verbreitung gefunden hat. Am meisten hat die philosophische Gemeinschaft von Wittgensteins Philosophie des Geistes profitieren können. In bezug sowohl auf die Bedeutung wie auf den Geist ging es Wittgenstein in erster Linie um die Zurückweisung der Ansicht, daß Wörter durch *Denotation* oder Bezeichnung bedeuten, dadurch, daß sie für *Dinge* stehen; er hatte diese Ansicht von Russell und anderen übernommen und im *Tractatus* selbst vertreten. Nicht wenige Philosophen hatten ganz unabhängig von Wittgenstein den Irrtum in dieser Auffassung erkannt. Am meisten zu denken gibt Wittgensteins Anwendung dieser Einsicht auf die Psychologie, in der sie zur Verwerfung verborgener oder privater Gegenstände führt, auf die sich psychologische Begriffe beziehen. In Verbindung mit dieser Auffassung und dem ihr zugrundeliegenden Begriff der Bedeutung haben wichtige Fragen der Regelbefolgung und der Privatsprache für viel Diskussion gesorgt. Viele Philosophen, die Wittgenstein ansonsten durchaus mit Sympathie gegenüberstehen, sind in all diesen Fragen jedoch sehr zurückhaltend, weil es schwer ist, zu einer eindeutigen Auslegung seiner Äußerungen zu gelangen. Die Unklarheiten, die sich aus seiner Methode und aus seinem Stil ergeben, haben dazu geführt, daß Wittgensteins Schlüsselbegriffe – ‚Kriterien‘, ‚Sprachspiele‘ usw. – verschiedene Deutungen zulassen, und entsprechend schwer ist es, *genau* anzugeben, welche Ansichten Wittgenstein eigentlich vertreten hat. Daher ist ein großer Teil der Wittgensteinliteratur nach wie vor mit Klarstellungs- und Erklärungsversuchen beschäftigt.

Müßte man einen einzigen Grund dafür nennen, weshalb nur wenige Philosophen Wittgensteins grundlegende Auffassungen teilen, so läge dieser Grund wohl darin, daß sie seine Diagnose der *Quelle* philosophischer Verwirrung nicht teilen. Wittgenstein sagt, daß Probleme entstehen, weil wir die Arbeitsweise unserer Sprache mißverstehen. Er sagt, wir seien von der Sprache ‚verhext‘, und manchmal hätten wir einen ‚Drang‘, sie mißzuverstehen. Aber das ist nicht plausibel. So unterschiedliche Philosophen wie Platon, Bacon und Berkeley haben zur Vorsicht gegenüber der Sprache ermahnt, und das aus sehr guten Gründen, von denen einige im ersten Kapitel in Zusammenhang mit Russells Ansichten genannt wurden. Aber zu sagen, daß *alle* philosophische Verwirrung aus sprachlichen Mißverständnissen entstehe, ist eine Übertreibung. Zum einen ist die Sprache ein Instrument, das sehr präzise eingesetzt werden kann, und in diesem Fall lassen sich philosophische Schwierigkeiten klar ausdrücken und untersuchen. Träfe Wittgensteins Behauptung zu, dann könnte man Form und Folgen eines philosophischen Problems oftmals nur beschreiben, wenn man hinreichend *fahrlässig* vorgeht. Außerdem sind die Versuche, Wittgensteins Auffassungen in die Praxis umzusetzen, nicht in der Lage gewesen, die jeweiligen philosophischen Probleme zu lösen. Wittgenstein sagt, wir sollten uns den gewöhnlichen Gebrauch von Ausdrücken in Erinnerung rufen, um solche Schwierigkeiten ‚aufzulösen‘. Wie wir aber gesehen haben, löst die Hinwendung selbst zum gewöhnlichen Gebrauch von ‚gut‘, ‚wahr‘ und ‚wirklich‘ keineswegs die philosophischen Verwirrungen, in die wir in bezug auf das *Gute*, *Wahre* und *Wirkliche* geraten. Lägen die Dinge anders, wäre diese wunderbare Entdeckung sicherlich längst gemacht worden.

Wittgenstein hat, wie wir sehen, den Beifall von Kommentatoren, die die Qualität seines Geistes und seines Werks in hohen, ja begeisterten Tönen beschrieben; zugleich ist er aber keineswegs eine Schlüsselgestalt der Philosophie des 20. Jahrhunderts. Wir haben es hier aber nicht mit einem Paradox zu tun. Grob gesagt gibt es zweierlei Maßstäbe für die Bedeutung eines Philosophen: einmal die Menge der über ihn geschriebenen Texte – ein recht grober Maßstab –, und zum anderen die Art und Weise, wie seine Gedanken Inhalt und Richtung der philosophischen Debatte seiner eigenen und der späteren Zeit bestimmen – ein sehr viel genauerer Maßstab. Nach dem ersten Kriterium kann Wittgenstein als zentrale Gestalt gelten. Aber es ist nur billig, darauf hinzuweisen, daß er bei weitem nicht der einzige Philosoph jüngerer Zeit ist, dem eine umfangreiche Literatur gewidmet ist; man denke etwa an Frege, Russell und Husserl, die Gegenstand vieler Untersuchungen sind. Wenn man sich das vergegenwärtigt, kann man die Wittgensteinliteratur in eine angemessene Perspektive rücken. Der entscheidende Maßstab ist aber der zweite. Wie wir aus dem Vorstehenden schon ersehen können, werden Inhalt und Richtung der zeitgenössischen Philosophie – ihre Probleme, ihre vorrangigen Themen, ihre Methoden – nicht durch Wittgensteins Denken geformt. Wenn sein Werk, wie D. F. Pears sagt, ,wahrhaft groß' ist, dann mag sich das ändern; künftige Generationen von Philosophen mögen einmal der Behauptung von Janik und Toulmin in ihrem Buch *Wittgensteins Wien* zustimmen, daß die analytischen Philosophen Wittgensteins Werk systematisch falsch gelesen und falsch verstanden haben, und sie mögen dann mit den heutigen Wittgensteinianern seine grundlegenden Interessen, seinen Ansatz und seine Methode teilen. Bis jetzt ist das noch nicht geschehen.

Nach diesen Anmerkungen zur Stellung von Wittgensteins Werk in der jüngeren Philosophie wende ich mich zum Schluß mit einigen noch flüchtigeren Bemerkungen diesem Werk selbst zu.

Man muß daran erinnern, daß viele Vorbehalte gegenüber Wittgensteins Schriften sich aus den Deutungsschwierigkeiten ergeben, zu denen sie führen. Diese Schwierigkeiten ergeben sich aus Wittgensteins Auffassung von Philosophie und aus seiner Methode des Philosophierens. Konzeption und Methode der Philosophie hängen eng miteinander zusammen. Wie wir gesehen haben, ist die Philosophie für Wittgenstein eine Therapie; es geht darum, den Irrtum aufzulösen, nicht darum, Erklärungssysteme zu errichten. Der Stil ist dieser Absicht angepaßt. Er ist prophetisch, orakelhaft; bevorzugt werden kurze Bemerkungen, die heilen, gemahnen, befreien sollen. Das Spätwerk erhält so etwas von einem Flickwerk. Die Verbindungen zwischen einzelnen Bemerkungen sind häufig unklar; Metaphern und Gleichnisse sind allgegenwärtig; es gibt Fingerzeige, rhetorische Fragen, viele Bindestrich-Wörter; immer wieder stoßen wir auf Wiederholungen. Vieles davon ist durchaus – wie schon betont – beabsichtigt, denn Wittgensteins Stil soll ausdrücklich seiner therapeutischen Wendung gegen den ‚Irrtum‘ der Theoretisierung dienen. Kaum jemand würde allerdings diese Art zu philosophieren ernsthaft z. B. seinen Studenten empfehlen. Wenn Wittgensteins Methode in die falschen Hände gerät, kann sie Scharlatanerie ausgezeichnet verschleiern, denn sie *soll* eben Systematik und damit auch die geforderte Klarheit, Strenge und Genauigkeit vermeiden, die die theoretische Arbeit verlangt und die die Philosophen im allgemeinen anstreben. So gut wie jeder – auch Leute, die nicht auf dem Gebiet der Philosophie arbeiten – kann sich aus Wittgensteins Texten mit Zitaten zu verschiedensten, auch gegensätzlichen Zwecken bedienen, und das allein sollte möglichen Nachahmern schon Warnung genug sein. Zur Schatztruhe für Aphorismenjäger aller Richtungen zu werden ist ein guter Beleg dafür, daß man eine wichtige Pflicht versäumt hat, nämlich die Pflicht zur Klarheit.

Diese Bemerkungen gehen von Wittgensteins eigenem Bekenntnis zur Therapie und zur Vermeidung von Theorie aus. Selbstverständlich *gibt* es in Wittgensteins Spätwerk eine Theorie, wie die vorstehenden Erörterungen zeigen, und zwar eine Theorie, die sich in deutlicher Form nachzeichnen läßt, beginnend mit Erwägungen über Gebrauch und Regeln bis zum Aufweis, wie diese letztendlich auf der Übereinstimmung in einer Lebensform gründen. Die Theorie hat eine angebbare Struktur und einen angebbaren Inhalt, auch wenn beide nicht so klar und vollständig formuliert sind, wie das möglich gewesen wäre. Ein guter Teil der Schwierigkeiten mit Wittgensteins Werk rührt daher, daß er seine Theorie nicht als solche vorstellt, weil es sie seinem Selbstverständnis nach überhaupt nicht geben soll. Sie kommt stückweise zum Vorschein, *ad hoc*, und daher bleiben ihre entscheidenden Konzepte unklar und häufig unbegründet.

Die hier und schon in den vorhergehenden Kapiteln beklagte Undurchsichtigkeit wurde übrigens zu einer Tugend des Wittgensteinschen Werks erklärt. Von Wright sagt: „Ich habe manches Mal gedacht, daß, was ein Werk zu einem klassischen macht, oftmals eben diese Mannigfaltigkeit [möglicher Deutungen] ist, die uns zu Verständnisanstrengungen einlädt und zugleich dem klaren Verständnis widersteht." Das ist eine nette Apologie der Unklarheit, und ich bitte um Verzeihung, wenn ich sie nicht überzeugend finden kann.

Die Lebhaftigkeit von Wittgensteins Metaphern, die unerwarteten Beispiele und gedanklichen Wendungen führen zum Eindruck, daß in seinen Schriften etwas Tiefes ausgedrückt wird. In mancher Hinsicht ist Wittgenstein ein Prophet. Hat man seine Texte erst einmal ausgesiebt und sich der Faszination seiner Metaphern und der poetischen Qualität seines Schreibens entzogen, findet man jedoch viel weniger Argumentation und sehr viel weniger Bestimmtheit in den entscheidenden Begriffen, als von einer philosophischen Untersuchung erwartet werden kann und muß. Das ist enttäuschend. Aber vielleicht liegt ja der Wert von Wittgensteins Werk ebensosehr in seiner Poesie und damit in seiner *Vieldeutigkeit* wie in seiner Substanz. Es besteht kein Zweifel, daß Wittgensteins Werk in dieser Hinsicht zu beachtlichen Einsichten geführt und neue Perspektiven eröffnet hat, die das Nachdenken über diese Fragen, besonders in der philosophischen Psychologie, vorangebracht haben. Philosophische Arbeiten, die eine solche Wirkung haben, sind immer willkommen.

Eine detaillierte Bewertung von Wittgensteins Beitrag ist hier natürlich nicht möglich, daher ist es vielleicht am besten, mit einer ganz persönlichen Einschätzung zu schließen. Wie viele andere fasziniert mich der außergewöhnliche Charakter von Wittgensteins Schriften, die einen eigenartig originellen Blick selbst auf Gedanken und Gesichtspunkte freigeben, die in mehr prosaischer Gestalt durchaus vertraut sind. Aber ich finde, sobald man von der Art absieht und sich auf die Inhalte konzentriert, drängt sich einem das Gefühl auf, daß die Reise durch Wittgensteins verschlungene, metaphorische, manchmal undurchsichtige Äußerungen lang, die zurückgelegte Entfernung aber kurz ist.

Das hier Gesagte und die oben erwähnten Erinnerungen und biographischen Versuche über Wittgenstein legen einen Schlußgedanken nahe. Künftigen Generationen wird Wittgenstein vielleicht als einer der großen Philosophen gelten, vielleicht auch nicht. Auch wenn er nicht dafür gehalten werden wird, wird er immer als eine der großen Persönlichkeiten der Philosophie gelten. Aus unserer Perspektive verwechseln wir das eine leicht mit dem anderen; die Zukunft wird entscheiden, was von beiden Wittgenstein ist.

# Literaturhinweise zum Weiterlesen

Alle hier zitierten Hauptwerke Wittgensteins sind enthalten in der achtbändigen Werkausgabe des Suhrkamp Verlages. Seitenangaben beziehen sich auf die Bände dieser Ausgabe. In der ungefähren Reihenfolge ihrer Entstehung:

Tagebücher 1914–1916 (Bd. 1)
Tractatus logico-philosophicus (Bd. 1)
Philosophische Bemerkungen (Bd. 2)
Philosophische Grammatik (Bd. 4)
Das Blaue Buch / Das Braune Buch (Bd. 5)
Bemerkungen über die Grundlagen der Mathematik (Bd. 6)
Philosophische Untersuchungen (Bd. 1)
Zettel (Bd. 8)
Bemerkungen über die Philosophie der Psychologie (Bd. 7)
Über Gewißheit (Bd. 8)

Als maßgebliche Biographie kann gelten: Brian McGuinness: *Wittgensteins frühe Jahre* (Frankfurt/M. 1988; der zweite Band über den späten Wittgenstein ist noch nicht erschienen). Eine persönliche Erinnerung Norman Malcolms mit einer biographischen Skizze von G. H. von Wright ist unter dem Titel: *Ludwig Wittgenstein. Ein Erinnerungsbuch* veröffentlicht worden (München/Wien 1958); Wittgensteins Leben, seine Persönlichkeit und sein Werk werden auf vielfältige Weise in zwei Bänden vorgestellt: Rush Rhees (Hrsg.): *Recollections of Wittgenstein* (1984), und C. G. Luckhardt (Hrsg.): *Wittgenstein: Sources and Perspectives* (1979).

Einführungen in Wittgensteins Denken bieten D. F. Pears: *Wittgenstein* (1971) sowie Anthony Kenny: *Wittgenstein* (Frankfurt/M. 1974). Untersuchungen, die über eine bloße Einführung hinausgehen, sind: R. J. Fogelin: *Wittgenstein* (2. Aufl., 1987), P. M. S. Hacker: *Einsicht und Täuschung* (Frankfurt/M. 1978) und A. J. Ayer: *Wittgenstein* (1985). Einen ausführlichen wissenschaftlichen Kommentar haben M. Black: *A Companion to Wittgenstein's ‚Tractatus'* (1964) und für die späte Philosophie G. P. Baker und P. M. S. Hacker beigetragen: *An Analytic Commentary on the Philosophical Investigations*, 4 Bde. (Oxford 1980–1996; die Bände 3 und 4 wurden von Hacker alleine verfaßt). Für viele Debatten zu zentralen Aspekten von Wittgensteins Werk hat Saul A. Kripke mit *Wittgenstein über Regeln und Privatsprache* (Frankfurt/M. 1987) gesorgt. Wittgensteins Ansichten über die Grundlagen der Mathematik – das Problem, das ihn dazu brachte, sich mit Philosophie zu beschäftigen – behandeln Crispin Wright: *Wittgenstein on the Foundations of Mathematics* (1980) sowie S. G. Shanker: *Wittgenstein and the Turning-Point in the Philosophy of Mathematics* (1987). Anthony Kennys Bewertung von Wittgensteins Einfluß und Wichtigkeit, die er in *The Legacy of Wittgenstein* (1984) veröffentlicht hat, weicht von der ab, die ich in diesem Buch unternommen habe.

Beispiele dafür, wie Wittgensteins Ideen in anderen Gebieten, z. B. in der Theologie, Anthropologie und politischen Theorie, Verwendung finden, finden sich bei Fergus Kerr: *Theology After Wittgenstein* (1986), P. Winch: *Studies in the Philosophy of Wittgenstein* (1969) und D. Rubinstein: *Marx and Wittgenstein: Social Praxis and Social Explanation* (1981). Schließlich zeigt H. Statens *Wittgenstein and Derrida* (1985), wie Philosophen und Literaturwissenschaftler, die der gegenwärtigen kontinentalen Tradition verpflichtet sind, Wittgensteins Werke lesen.

* * *

Als einführende deutschsprachige Werke sind ferner zu empfehlen:*

Baum, W.: *Ludwig Wittgenstein*. (Köpfe des 20. Jahrhunderts). Berlin 1985.

Buchheister, K. und D. Steuer: *Ludwig Wittgenstein*. Stuttgart 1992.

Bezzel, Ch.: *Wittgenstein zur Einführung*. Hamburg ³1996.

Hacker, Peter M.: *Wittgenstein im Kontext der analytischen Philosophie*. Frankfurt/M. 1997.

Kober, M.: *Gewissheit als Norm. Wittgensteins erkenntnistheoretische Untersuchungen in ‚Über Gewißheit‘*. Berlin 1993.

Lange, E. M.: *Ludwig Wittgenstein: ‚Philosophische Untersuchungen‘. Eine kommentierende Einführung*. Stuttgart 1998.

Lange, E. M.: *Ludwig Wittgenstein: Logisch-philosophische Abhandlung. Ein einführender Kommentar in den ‚Tractatus‘*. Stuttgart 1996.

Macho, Th. H.: *Wittgenstein*. Philosophie jetzt. Hrsg. v. P. Sloterdijk, München 1996.

Monk, Ray: *Wittgenstein. Das Handwerk des Genies*. Stuttgart 1992.

Savigny, E. v. (Hrsg.): *Ludwig Wittgenstein. Philosophische Untersuchungen* (Reihe: Klassiker auslegen). Berlin 1997.

Savigny, E. v.: *Der Mensch als Mitmensch. Wittgensteins „Philosophische Untersuchungen"*. München 1996.

Savigny, E. v.: *Die Philosophie der normalen Sprache. Eine kritische Einführung in die ‚ordinary language philosophy‘*. Frankfurt 1993.

Savigny, E. v.: *Wittgensteins ‚Philosophische Untersuchungen‘. Ein Kommentar für Leser*, 2 Bde, Frankfurt a. M. 1994.

Schulte, J.: *Wittgenstein. Eine Einführung*. Stuttgart 1989.

Vossenkuhl, W.: *Ludwig Wittgenstein*. München 1993.

* Ausgewählt von Prof. Dr. Hans Julius Schneider

# Index

## Menschen und Ideen, die unsere Welt verändert haben

Wilhelm Geerlings
**Augustinus**

Anthony Kenny
**Thomas von Aquin**

Thomas Buchheim
**Aristoteles**

C. C. W. Taylor
**Sokrates**

Michael Inwood
**Heidegger**

Richard Tuck
**Hobbes**

Martin Gessmann
**Hegel**

Stillman Drake
**Galilei**

Klaus Fischer
**Einstein**

Michael Tanner
**Nietzsche**

Michael Bordt
**Platon**

Roger Scruton
**Kant**

Vittorio Hösle / Christian Illies
**Darwin**

Anthony Storr
**Freud**

Anthony Stevens
**C. G. Jung**

Robert Wokler
**Rousseau**

Tom Sorell
**Descartes**

Iring Fetscher
**Marx**

Ernstpeter Maurer
**Luther**

**HERDER** ⁄ SPEKTRUM